반쪽이 별꼴

CUT IN HALF

CUT IN HALF 반쪽이 별꼴

반으로 잘라본
58가지 물건들
그 숨겨진 세계

마이크 워렌 MIKE WARREN 지음
조나단 우드워드 JONOTHAN WOODWARD 사진
조영은 옮김

늘봄

이 도서의 국립중앙도서관 출판예정도서목록(CIP)은 서지정보유통지원시스템 홈페이지
(http://seoji.nl.go.kr)와 국가자료공동목록시스템(http://www.nl.go.kr/kolisnet)에서
이용하실 수 있습니다.(CIP제어번호: CIP2018037646)

반쪽이 별꼴 CUT IN HALF

지은이 / 마이크 워렌
사 진 / 조나단 우드워드
옮긴이 / 조영은

펴낸이 / 조유현
편 집 / 이부섭
디자인 / 박민희
펴낸곳 / 늘봄

등록번호 / 제300-1996-106호 1996년 8월 8일
주소 / 서울시 종로구 동숭4길 9(동숭동 19-2)
전화 / 02)743-7784 팩스 / 02)743-7078

초판발행 / 2018년 11월 20일

ISBN 978-89-6555-076-1 03000

※ 값은 표지에 있습니다.

모든 사람들의 호기심을 위하여

차 례

여전히 샘솟는 나의 호기심

나는 제품 디자이너이며 직접 제작도 한다. 공장에서 일하면서 신기한 도구들을 많이 접한다. 워터제트(고압물분사절삭기)도 그중 하나. 이 기계는 노즐을 통해 높은 수압의 물을 쏘아 철판, 유리, 타일, 플라스틱 등의 견고한 소재를 정밀하게 자른다. 여기서 고압수는 용매[1]일 뿐이고, 실제 자르는 역할을 하는 것은 물에 섞여 있는 알갱이들 즉, 연마제다. 워터제트의 압력은 60,000프사이(psi, 4,082기압)에 달하며, 4인치(10cm) 두께의 철판까지도 자를 수 있다. 또한 이것을 이용해 철판이나 유리에 정밀한 기하학적인 문양을 새기는 등의 가공을 할 수도 있다. 실제로 한번 써보시라. 굉장하다. 기술자가 아니라도 워터제트의 매력에 흠뻑 빠질 것이다.

어느 날 워터제트를 사용하던 중 문득 엉뚱한 생각이 떠올랐다. 이 기계로 저 전화기를 잘라보면 어떨까? 아니 카메라를? 볼링공을? 어 재밌겠는데… 그 결과가 바로 이 책이다.

나는 2016년 초부터 워터제트를 이용해 주위의 물건들을 반으로 잘라보았고, 그 결과를 유튜브에 올렸다. 내가 올린 영상들은 1) 먼저 물건을 소개하고, 2) 자른 후, 3) 내부를 보여주는 식으로 비교적 직설적으로 구성됐다. 단순하고, 깔끔하며, 부연설명도 하지 않았다. 물건 자체와 그것의 내부구조에 집중하자는 의도였다. 그러나 이 책은 독자 여러분께 또 다른 볼거리를 제공할 것이다. 이 책에 수록된 사진들은 동영상으로는 볼 수 없었던 물건들의 복잡한 세부 구조를 가까이서 보여줄 수 있기 때문이다. 여러분은 그동안 볼 수 없었던 물건의 적나라한 내면을 들여다보고, 그 안에서 어떤 일이 벌어지고 있는지 확인할 수 있으며, 어떻게 동작하는지도 알아볼 수 있다. 이 책에 실린 물건들은 모두 새로 잘라서 촬영했다.

세상 소년들이 다 그렇겠지만 나는 어릴 때 집안 물건들을 분해해 놓아 엄마에게 혼나곤 했다. 그것이 도대체 어떻게 작동하는지 궁금했기 때문이었다. 전화가 어떻게 울릴까? 전기드릴이 왜 뜨거워질까? 왜 내 카세트는 쩍하면 테이프가 씹히고 늘어나 버릴까? 그 안에서 어떤 일이 벌어지는지 볼 수만 있다면 모든 의문이 풀릴 수 있을 텐데! 수년이 흐른 지금도 몇 가지는 잘 모르겠다. (애써 모아 놓은 아바$_{ABBA}$의 테이프가 카세트 속에서 엉망이 된 이유는 평생 모를 것 같다.)

어른이 된 지금도 나의 호기심은 여전히 샘솟는다. 아마 평생 그럴 것 같다. 이제는 이 멋진 기계를 이용해 주변의 새롭고 궁금

1) 용매(溶媒, solvent). 어떠한 용액이 존재할 때 용질을 녹여 용액을 만드는 물질. 예를들어 소금물에서 소금은 용질, 물은 용매이다.

한 물건들을 반으로 잘라 안을 들여다볼 수 있게 되었다. 이제 나의 목표는 세상의 소년들에게, 아니 세상 모든 것이 궁금한 분들께 우리가 매일 사용하는 물건들을 하나하나 분해해, 지금까지 결코 볼 수 없었던 내면의 아름다움을 드러내 보여주는 것이다. 나도 역시 이 작업을 통해 항상 새로운 것을 배운다. 드러난 제품의 내면을 통해 제품 특성에 알맞은 디자인을 볼 때마다 놀랍고 존경스럽기까지 하다. 제품의 작동원리를 알고 있어도, 막상 그 제품을 잘라 보면 또 새로운 것을 발견하게 된다. 그 내면을 찾아 확인할 때면 그 순간 내 동심은, 내 호기심은 멈추지 않고 오히려 더 샘솟는 것을 느끼게 된다.

작동을 멈춘 상태의 워터제트 커팅헤드

보호대 역할을 하는 노란색 고무컵은 작동 중에 아래를 향하지만 분사구를 보여주기 위해 뒤집었다. 자를 때에는 세로판 위에 소재를 단단히 고정시키고, 소재가 물에 잠길 정도로 수조에 물을 채운 후 분사구가 소재 바로 위를 지나간다. 수조에 채워진 물은 자를 때의 열을 식혀주는 냉매 역할을 하고, 위쪽 깔때기에 채워진 연마제가 두꺼운 튜브를 통해 분사구에 공급된다.

OMAX
OMAX 60120

워터제트는 컴퓨터로 제어된다(CNC, computer numerically controlled). 자를 소재의 종류와 두께, 자를 모양과 크기, 디자인에 대한 정보를 컴퓨터에 입력하면 기계가 자동으로 힘과 속도를 조절하며 소재를 잘라준다. 이 책에서는 워터제트의 '톱질 기능(SAW)'을 선택하고, 자를 물건의 소재가 다양하지만 그래도 가장 비슷한 소재 정보로 기계를 설정했다.

워터제트는 크다. 약 6×5m의 크기인데, 이 중 수조(Cutting pool)가 4×3m를 차지한다. 이 기계를 사용할 때는 컴퓨터 제어기 앞 발판 위에 서서, 기계가 예상 밖의 작동을 할 때를 대비해 비상정지스위치를 누를 준비를 한다. 커팅헤드를 가까이에서 보고 싶을 때는 이동지지대의 버튼을 사용하면 된다. 제일 오른쪽 노란색 고압탱크는 연마제를 저장하고 공급하는 장치이며, 지지대 위의 검정팔과 얇은 은색 튜브는 작동자의 오른쪽 다리 앞에 위치한 캐비닛 안에 있는 고압펌프에서 물을 공급한다.

캐비닛 안에 고압펌프가 들어있다(가운데 검정색 장치). 수조에서 물을 끌어와 깨끗이 여과한 뒤 다시 기계로 공급한다. 이때 60,000프사이까지 물을 압축한다. 선반 제일 오른쪽에 물의 압력과 필터를 모니터링(계측)할 수 있는 장치가 있다. 얇은 철제 관은 펌프에서 만들어진 고압수를 워터제트 분사구로 공급하는 역할을 한다.

실제로 소재를 자르는 것은 이 붉은 모래알갱이(연마제)다. 빠른 속도로 지나가는 고압수가 분사구 옆의 작은 틈으로 공급되는 연마제와 고르게 섞여 분사된다. 일명 베르누이의 원리[1]인데, 워터제트의 절단을 '집중된 풍화작용'으로 간단히 이해하면 된다. 사용한 연마제는 수조 아래쪽으로 가라앉고, 물과 달리 재사용하지 않는다.

---

1) 유체의 유속과 압력의 관계를 수량적으로 나타낸 법칙

원래 워터제트는 철판과 알루미늄판처럼 크고 평평한 소재를 자르는 용도로 설계되었다. 이 책의 대체로 평평하지 않은 물건들은 세로판으로 고정하기 어려워 먼저 준비된 합판 위에 단단히 고정하고 이 합판을 워터제트 클램프바(죔쇠)에 고정했다.

일반적인 판 소재들은 워터제트를 이용하면 예리하게 자를 수 있지만 이 책에 나온 물건들은 생각처럼 되지 않았다. 무엇보다 고압수가 물건을 관통하면서 안의 작은 부품들이 뜯겨 수조 속으로 가라앉곤 했다.

물건을 자른 후 조심스럽게 물로 씻어 물건 안쪽 틈에 낀 연마제들을 제거한다. 이 과정에서 스프링이나 클립과 같은 철제 부품들은 곧바로 부식되곤 한다. 이 책의 사진들에서도 가끔 부식된 것을 확인할 수 있을 것이다. 물건을 합판에서 떼어내고 잘 관찰해야 한다. 위치가 틀어진 것을 바로잡고, 또 수조 안에 잘리고 떨어진 물건들을 조심스럽게 찾아내야 한다, 이곳저곳 흩어진 부품들을 찾아 깨끗이 닦은 다음 자리를 찾고, 본래 있어야 할 자리에 고정시킨다.

가전제품

HOUSEHOLD APPLIANCES

온풍기 Heating Fan

이 제품의 간단한 구조는 정말 아름다울 정도다. 회전하는 날개가 뒤편의 찬 공기를 끌어들여 가열코일을 지나가게 만든다. 따뜻하게 데워진 공기는 제품 앞쪽으로 밀려나간다. 온풍기의 날개는 모터로 회전하며 온도와 바람의 세기는 두 개의 가변저항에 의해 조절된다. 즉, 가변저항을 통해 가열코일이나 날개가 받는 전압을 조절한다. 이 조절장치는 온풍기 아래쪽에 있다.

사용설명서를 보면 제품의 앞뒷면을 절대로 막지 말라고 적혀있다. 안쪽을 들여다보면 그 이유를 알 수 있다. 만약 찬 공기의 유입이 끊긴다면 가열코일이 식지 못해 온도는 계속 상승하고, 결국 과열로 인해 주변의 플라스틱이 녹을 수 있다. 고급모델들은 과열이 되었을 때 전원을 차단해주는 온도조절장치가 달려 있다.

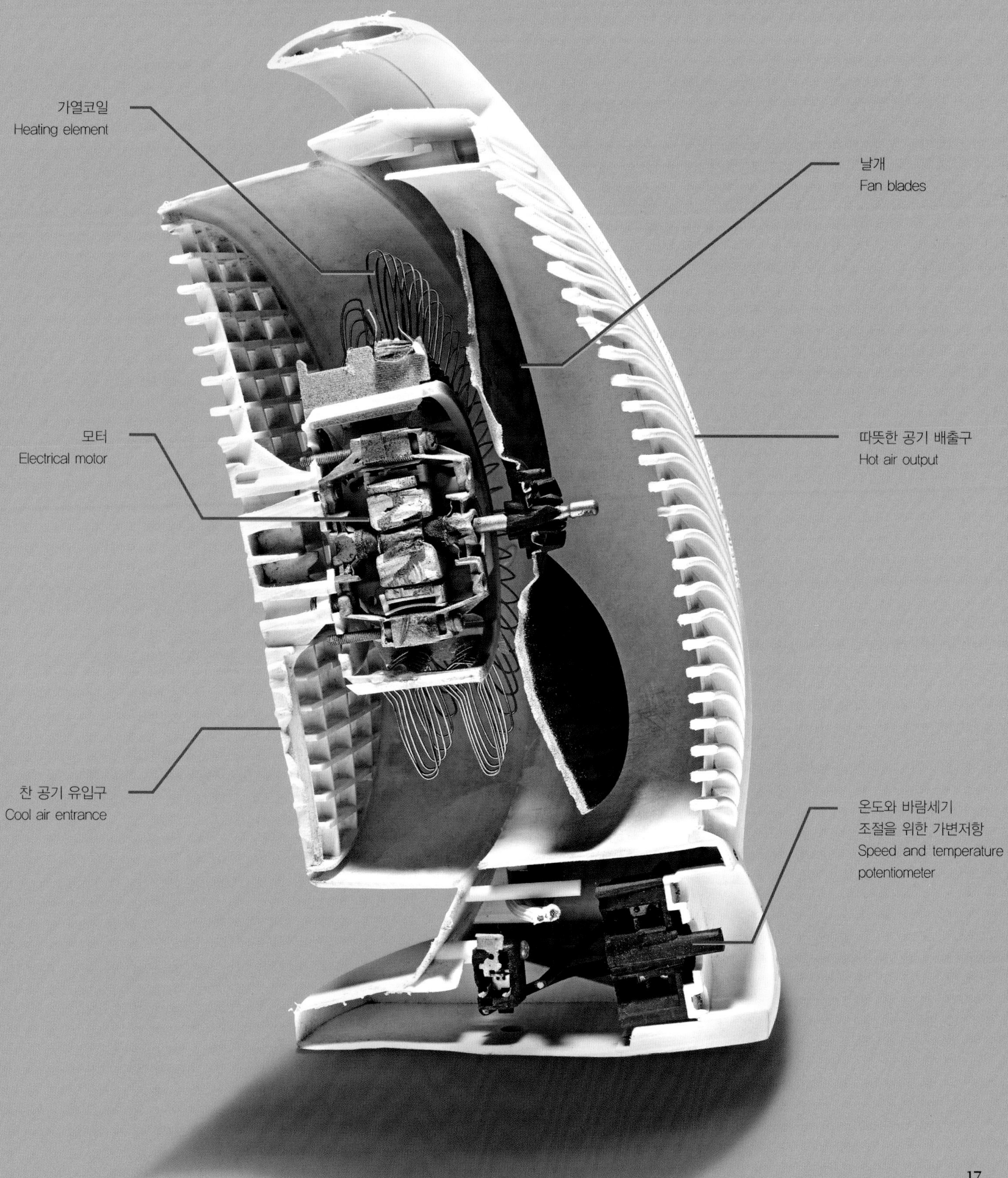
가열코일
Heating element
날개
Fan blades
모터
Electrical motor
따뜻한 공기 배출구
Hot air output
찬 공기 유입구
Cool air entrance
온도와 바람세기
조절을 위한 가변저항
Speed and temperature
potentiometer

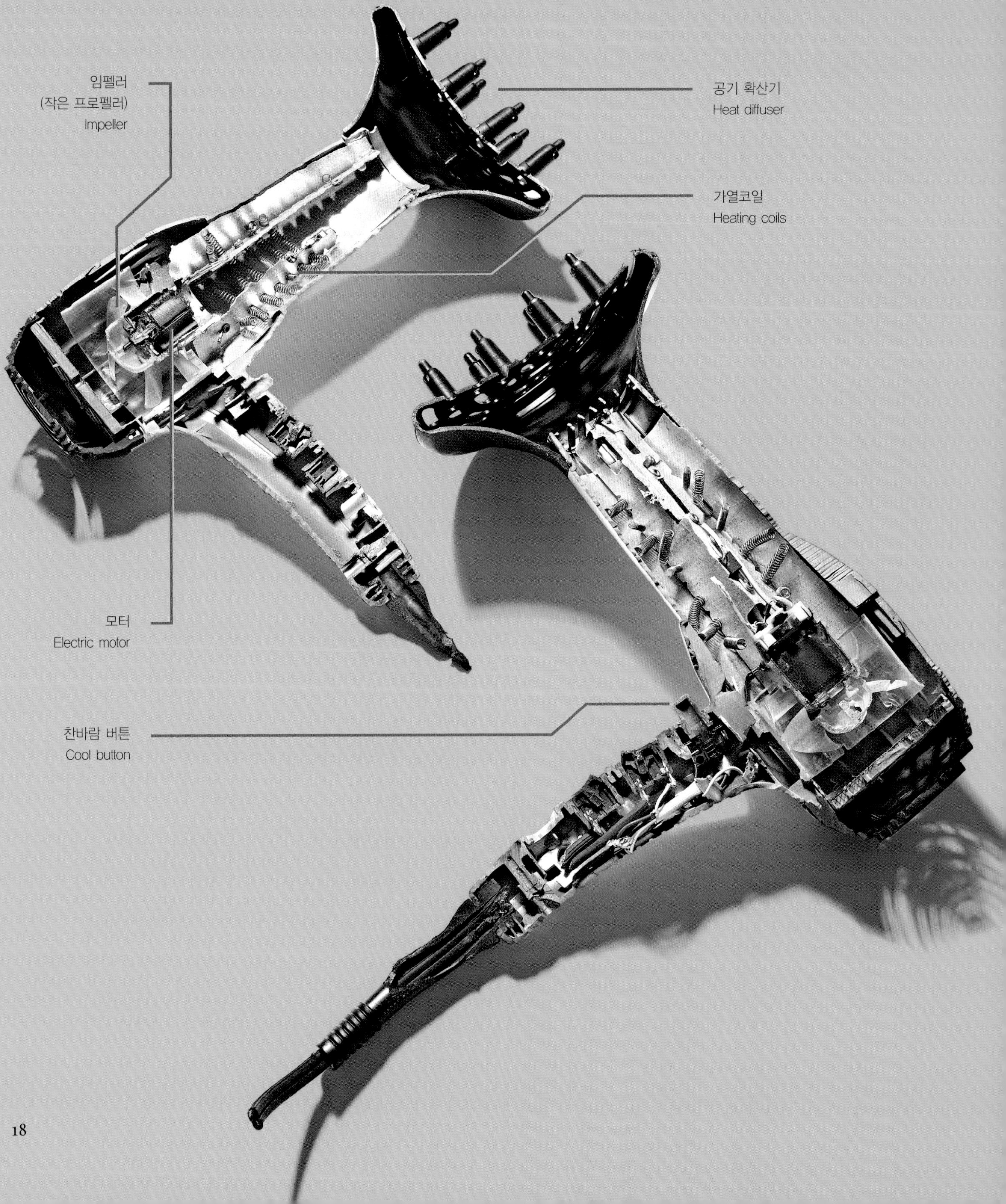
임펠러
(작은 프로펠러)
Impeller
공기 확산기
Heat diffuser
가열코일
Heating coils
모터
Electric motor
찬바람 버튼
Cool button

헤어드라이어 Hair Dryer

소형이지만 고성능의 모터는 작은 프로펠러(임펠러)를 회전시켜 헤어드라이어 뒤편에서 공기를 끌어온다. 공기는 제품 몸통 부분에 있는 여러 개의 가열코일을 지나면서 뜨거워진다. 뜨거워진 공기는 노즐 밖으로 밀려나와 확산기를 지나며 넓게 퍼진다.

헤어드라이어 손잡이에는 온도와 바람세기 조절 버튼이 달려 있다. 또한 사진 속 제품에는 파란색 쿨(Cool) 버튼이 있는데, 실제로 공기 온도를 낮춰주는 것은 아니다. 단지 가열코일에 들어가는 전원을 차단해서 상온의 공기가 가열되지 않고 그대로 지나갈 수 있게 해주는 버튼이다.

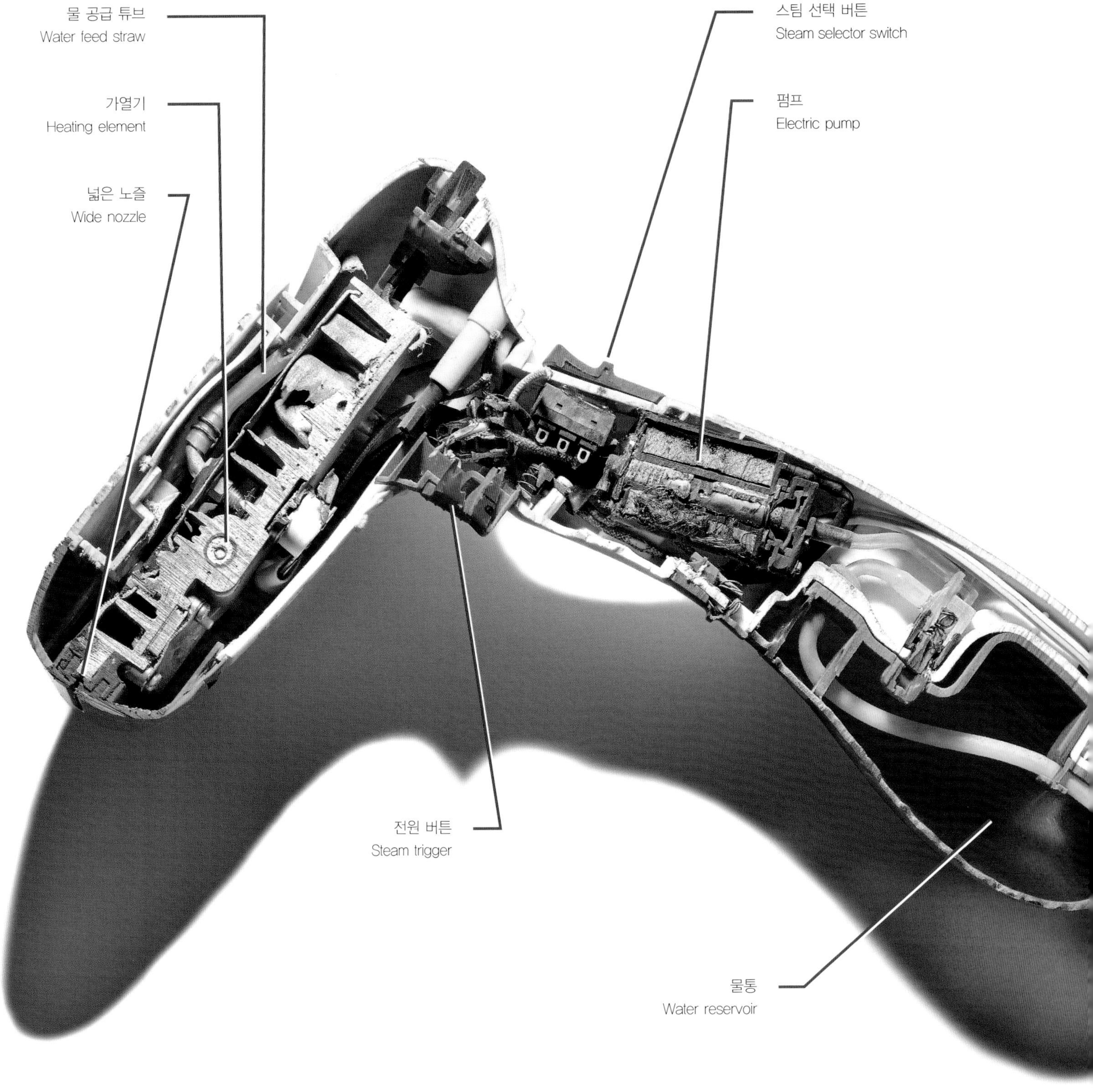
물 공급 튜브
Water feed straw
가열기
Heating element
넓은 노즐
Wide nozzle
스팀 선택 버튼
Steam selector switch
펌프
Electric pump
전원 버튼
Steam trigger
물통
Water reservoir

스팀다리미

Clothing Steamer

핸디형 스팀다리미는 커튼이나 고급의류처럼 다림판과 다리미를 사용하기 힘든 섬유의 주름을 펼 때 아주 유용하게 쓰인다. 일반 다리미처럼 안쪽에 물통과 가열기가 있어 물을 뜨거운 스팀(증기)으로 바꾼다.

펌프가 물통에서 물을 끌어와 가열기로 전달한다. 물은 물통 바닥에서부터 가열기 위쪽까지 연결된 튜브를 통해 전달된다. 가열기는 물을 끓여 증기를 만들고, 증기는 제품 앞쪽의 노즐을 통해 바깥으로 나온다. 손잡이의 버튼을 누르면 펌프를 작동시켜 증기를 발생시킨다. 손잡이 뒤쪽에 스팀 선택 버튼이 있는데 공급되는 물의 양을 조절해 스팀 세기를 조절해준다.

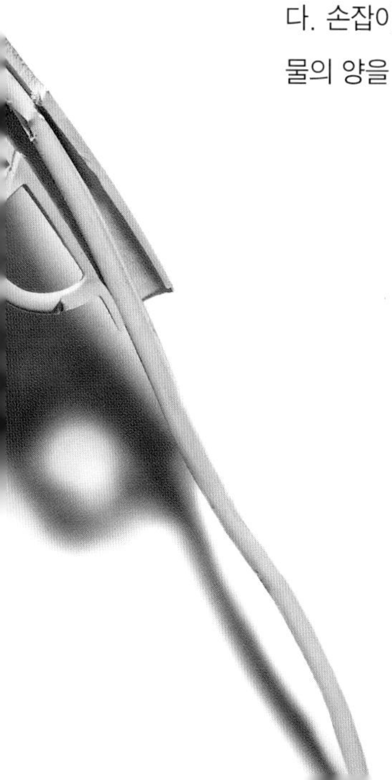

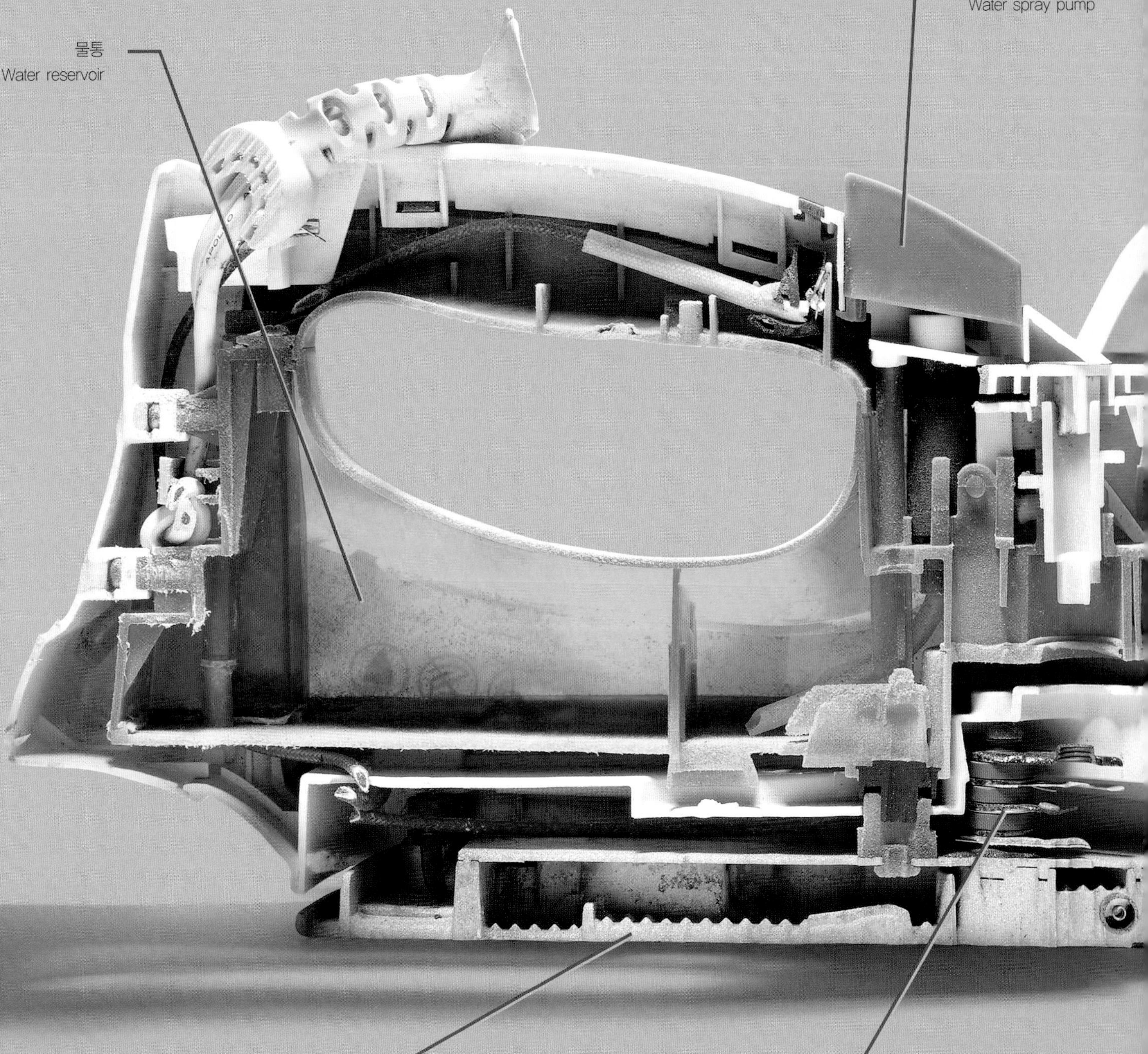

물통
Water reservoir
물 분사 펌프
Water spray pump
가열되는 쇠판
Heated plate
가열기
Heating element

다리미 Clothing Iron

물에 열을 가하면 뜨거운 증기가 만들어진다. 이렇게 만들어진 뜨거운 증기를 주름진 의류에 뿌려주면 직물의 꼬임이 풀리고 원단이 평평해진다. 잘 다림질된 옷은 패션의 첫 번째 조건이다.

다리미의 열은 코일로 이루어진 가열기에서 발생한다. 발생한 열은 아래쪽 쇠판으로 전달된다. 제품 안쪽에 저장됐던 물이 펌프에 의해 앞쪽의 노즐로 분사되고, 옷 위에 분사된 물은 다리미의 뜨거운 쇠판과 닿아 증기로 바뀐다. 이 증기의 역할은 앞서 설명한 바와 같다.

사진의 파란색 플라스틱 물통이 잘려진 부분을 보면 마치 먼지가 붙어있는 것처럼 보인다. 워터제트 연마제가 남긴 흔적인데, 이는 워터제트 고압수가 다리미 같이 크고 일정하지 않은 물건을 자를 때 튈 수 있기 때문이다.

무선드릴

Cordless Drill

왼쪽 사진과 같은 휴대용 무선드릴은 손잡이 아래쪽에 충전용 배터리를 장착해서 사용한다. 앞쪽의 척(chuck)[1]에 드릴 날이나 드라이버 비트 등 다양한 연장을 손으로 쉽게 끼워서 조일 수 있다. 최신 무선드릴은 토크 제한기가 달려 있어, 나사가 너무 꽉 조여지거나 나사 구멍을 손상시키는 것(드라이버 비트가 헛도는 것)을 막아준다. 이 기능은 척 뒤쪽 회색 뭉치에 있는데, 돌아가는 숫자버튼으로 토크 회전수를 조절할 수 있다.

사진의 모델은 몸통 뒤쪽 브러시 모터를 사용한다. 모터는 배터리의 전압을 탄소재질 브러시와 정류자[2]를 지나 전기자[3]에 전달한다. 이 에너지는 철심이 자기를 띄게 하고, 자기를 띈 철심은 주변의 고정된 영구자석에 의해 회전력을 받아 돌게 된다. 이 모든 과정은 손잡이에 있는 전원 버튼으로 제어된다.

---

1) 다양한 날이나 연장을 끼울 수 있는 회전 장치.

2) 전동기에서 본체의 브러시의 작용으로 전류가 항상 일정한 방향으로 흐르게 하는 장치.

3) 구리선이 감겨 있는 철심.

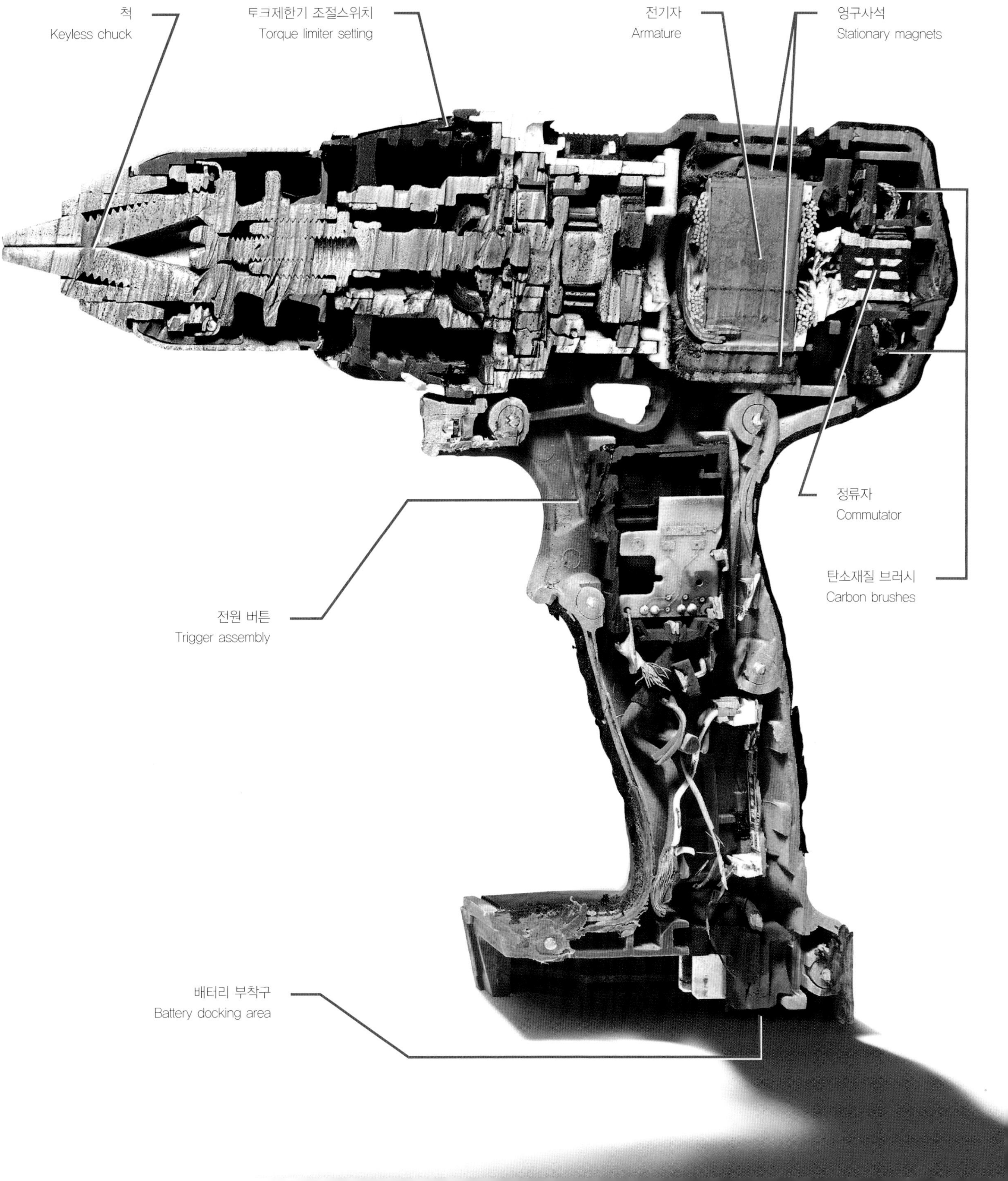
척
Keyless chuck
토크제한기 조절스위치
Torque limiter setting
전기자
Armature
영구사석
Stationary magnets
정류자
Commutator
탄소재질 브러시
Carbon brushes
전원 버튼
Trigger assembly
배터리 부착구
Battery docking area

전기주전자 Electric Kettle

김이 모락모락 나는 차, 커피, 핫초코만큼 만족감을 주는 것이 또 있을까. 전기주전자를 이용하면 주방에서 뿐만 아니라 전기 콘센트가 있는 곳 어디에서든 따뜻한 음료를 만들 수 있다.

시중에 다양한 종류의 전기주전자가 판매되는데, 어떤 것은 가열코일이 물에 직접 잠기는 방식을 사용하기도 한다. 사진의 제품은 열기가 위쪽으로 전달되는 원리를 이용, 가열기가 바닥에 설치되어 있고 위쪽의 물을 데운다. 제품 안쪽 긴 튜브에 온도 조절 센서가 있어 물이 끓으면 전원이 자동으로 꺼진다. 손잡이 옆의 작은 창을 통해 물의 잔량을 확인 할 수 있고, 주둥이에 달린 철망은 찻잎이나 찌꺼기를 걸러준다. 주전자의 스테인리스 재질은 고온에서도 내구성이 뛰어나고, 세척하기도 쉽다.

온도 조절 센서 튜브
Thermostat sensor tube
수위 확인용 창
Water level window
주둥이
Spout
철망
Fine mesh strainer
스테인리스 본체
Stainless steel body
가열기
Heating element

팝콘제조기

Electric Popcorn Popper

달리 생각하면 팝콘제조기는 위로 향한 헤어드라이어다. 둘 다 모터를 사용해 임펠러(작은 프로펠러)가 끌어온 공기가 가열코일을 지나면서 뜨거워지는 원리를 사용하기 때문이다.

이 팝콘제조기에는 옥수수 알을 담을 수 있는 통이 있고, 그 밑에 가열코일이 설치되어 있다. 옥수수 알은 임펠러가 끌어온 뜨거운 바람을 맞다보면 어느 순간 팍! 터지는데, 그것이 팝콘이다. 이때 옥수수 알 통의 철망으로 된 바닥에서 올라오는 뜨거운 바람은 팝콘을 위쪽 깔때기를 통해 플라스틱 통까지 불어 올린다.

깔때기
Popcorn chute
옥수수 알 통
Kernel chamber
철망
Perforated grate
가열코일
Heating coil
임펠러
Impeller
모터
Electric motor

와플제조기 Waffle Iron

와플제조기는 울퉁불퉁한 격자무늬의 철판을 뜨겁게 달구어 와플 반죽을 멋진 와플 모양으로 구워주는 기계다. 전기 에너지를 열로 변환해 두 철판이 균일하게 달궈지도록 하는 것이 와플 제조기의 핵심이다.

이 책에 소개된 가열 장치를 사용한 다른 제품들처럼, 와플제조기도 가변저항을 이용해 철판에 가해지는 열에너지를 조절한다. 와플제조기 안의 전선들은 내열 코팅이 되어 있어 고열을 견딜 수 있다.

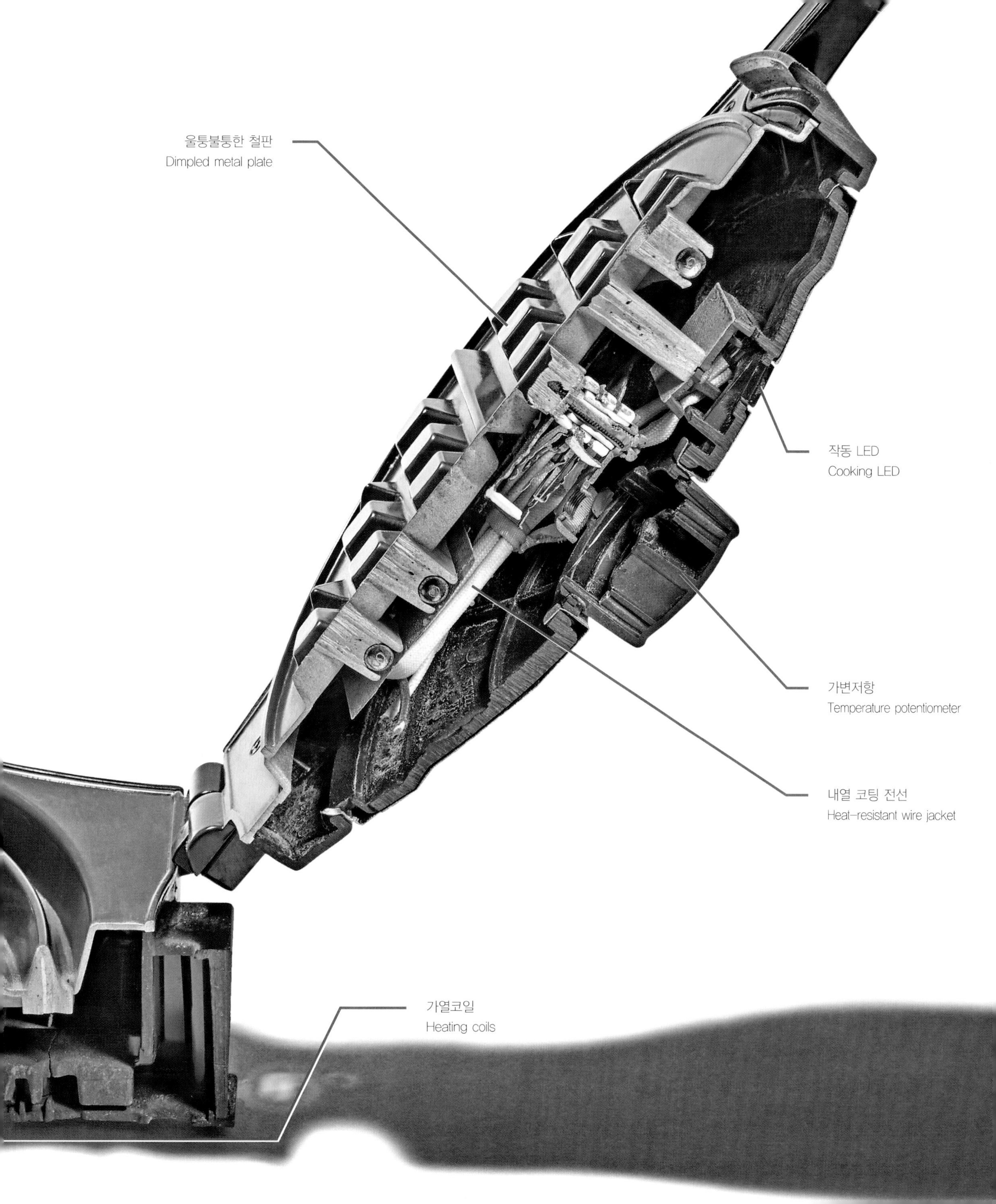

울퉁불퉁한 철판
Dimpled metal plate
작동 LED
Cooking LED
가변저항
Temperature potentiometer
내열 코팅 전선
Heat-resistant wire jacket
가열코일
Heating coils

버튼전화기
Touch-Tone Telephone

버튼전화기는 1960년대 다이얼 전화기와 디자인은 비슷하지만, 안쪽을 들여다보면 과거보다 꽤 진보된 기술이 들어있음을 알 수 있다.

과거 다이얼전화기가 회전 다이얼을 돌려 숫자를 입력했다면, 버튼전화기는 회로판에 연결된 버튼을 누르는 것으로 숫자를 입력한다. 버튼을 누르면 회로판에서 소리신호를 발생시키며, 이 소리신호에 의해 전화번호가 입력되는 것이다. 나머지 장치들은 다이얼전화기와 비슷한데, 벨소리, 기계식 전화 끊기 버튼, 그리고 소리 출력을 위한 세라믹 재질의 자석 스피커까지.

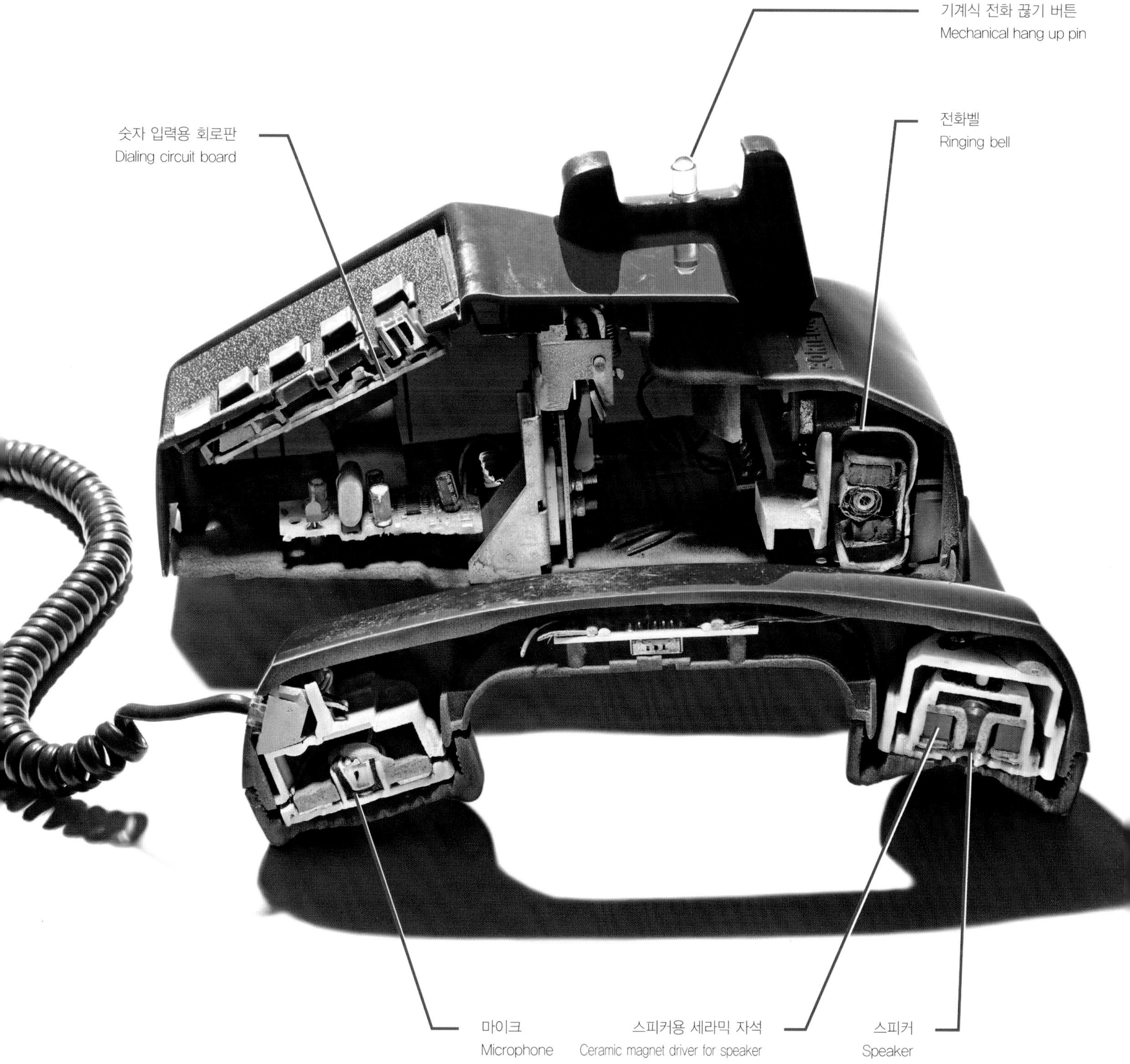
기계식 전화 끊기 버튼
Mechanical hang up pin
숫자 입력용 회로판
Dialing circuit board
전화벨
Ringing bell
마이크
Microphone
스피커용 세라믹 자석
Ceramic magnet driver for speaker
스피커
Speaker

일체형 전화기

Telephone Handset

이제 유선전화기의 시대는 지나가고 핸드폰이 그 자리를 대신하고 있지만, 한때는 가정마다 전화선이 벽에 꽂혀 있던 시절이 있었다. 여기 이 전화기도 기존 전화기보다 크기가 작아졌지만 당시 기술과 디자인에 맞추어 손에 잡히는 크기와 느낌은 그대로 유지했다. 그러다보니 스피커와 회로판 주변에 빈 공간이 많이 생겼다.

이 전화기는 전화선에서 정보를 가져온 후 회로판에서 신호를 처리하여 수화기 스피커를 통해 소리를 들려준다. 송화기에 대고 말을 하면 마이크가 소리신호를 회로판으로 전달하고, 이 신호는 전화선을 타고 상대에게 전달된다.

많은 사람들은 전화선이 전기도 공급한다는 사실을 잘 모른다. 전화교환기에는 배터리가 내장되어 있어서 전화선으로 연결된 모든 기기에 전기를 공급한다. 이 에너지는 스피커에 전기를 공급하고 소리를 증폭시킬 뿐만 아니라 전화기 버튼의 조명을 켜기도 한다.

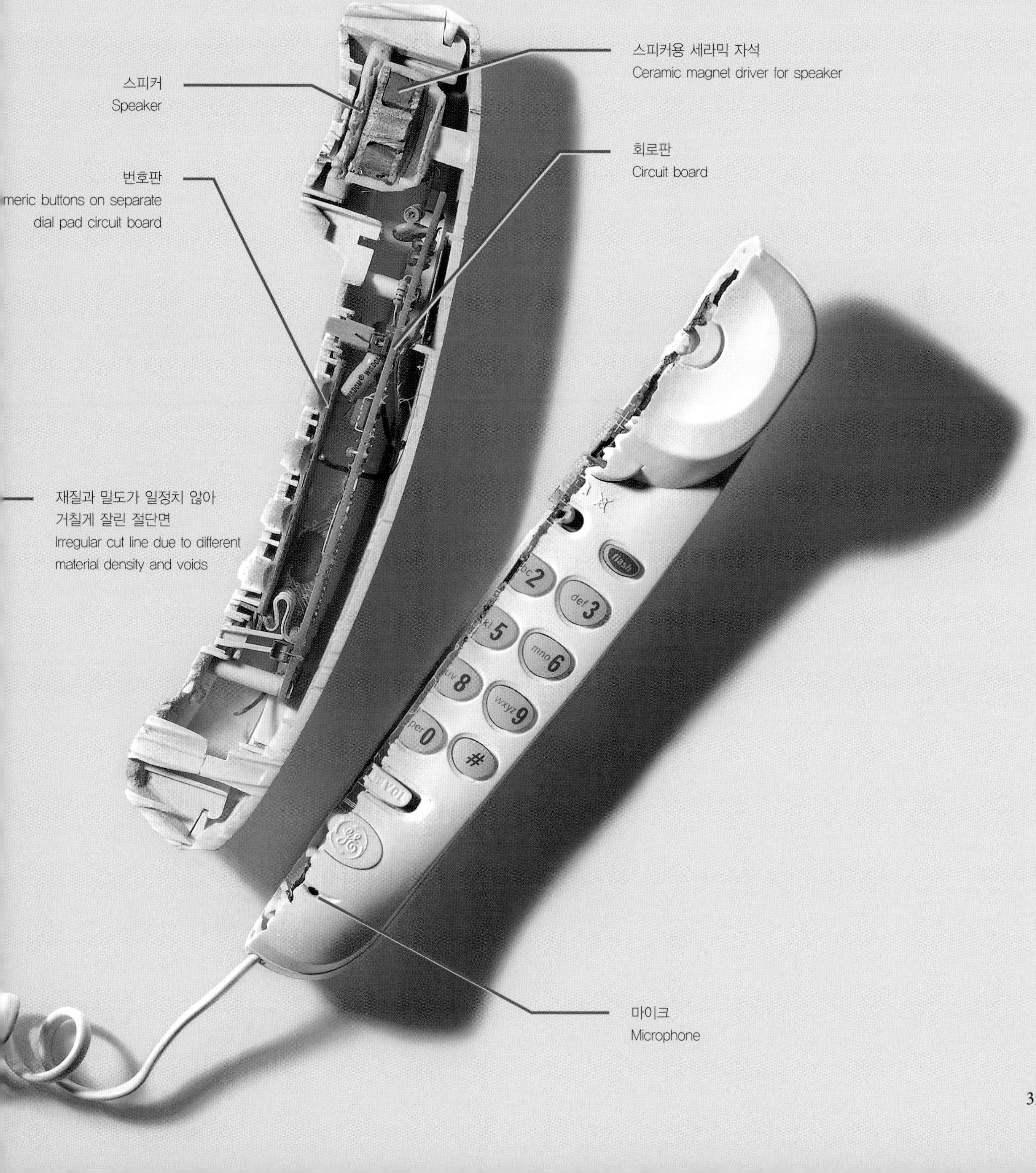
스피커
Speaker
스피커용 세라믹 자석
Ceramic magnet driver for speaker
번호판
meric buttons on separate
dial pad circuit board
회로판
Circuit board
재질과 밀도가 일정치 않아
거칠게 잘린 절단면
Irregular cut line due to different
material density and voids
마이크
Microphone

로봇청소기 Robotic Vacuum

이 똑똑한 작은 로봇은 방바닥을 돌아다니며 장애물에 부딪칠 때마다 경로를 바꾼다. 그 와중에 묵묵히 청소를 계속 한다. 로봇청소기는 약간의 지능과 탑재된 다양한 센서들의 정보를 종합해 자신이 어떤 위치를 청소하고 있는지 계산한다. 앞면의 곡선형 범퍼에는 장애물에 부딪쳤을 때 감지하는 압력 센서, 측면이 장애물에 닿는지를 감지하는 벽 센서, 그리고 계단에서 굴러 떨어지는 것을 방지하기 위한 절벽 센서가 장착되어 있다. 로봇 위에 부착된 적외선 센서는 발사되어 돌아오는 적외선 신호를 받아 청소하고 있는 방의 크기를 측정하고 효율적인 청소 노선을 계산한다.

로봇청소기 안쪽에는 장시간 사용이 가능한 대형 배터리와 빨아들인 먼지를 보관하는 먼지통이 있다. 사진의 모델은 앞쪽에 달린 두 개의 솔을 이용해 먼지를 기계 중앙으로 모으고, 아래쪽의 큰 원통형 솔로 모은 먼지를 진공구멍으로 쓸어 담아 먼지통에 담는다.

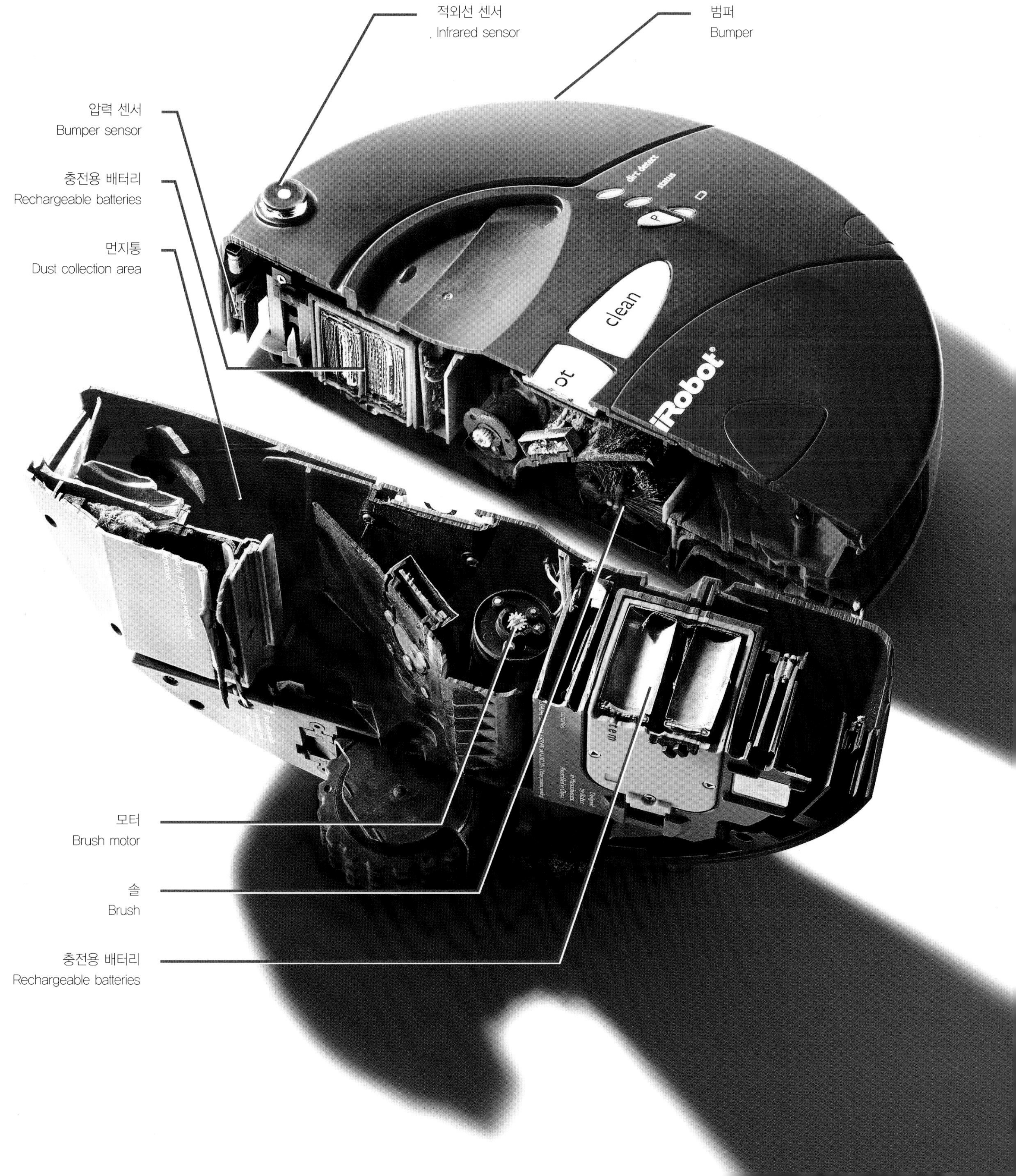
적외선 센서
Infrared sensor
범퍼
Bumper
압력 센서
Bumper sensor
충전용 배터리
Rechargeable batteries
먼지통
Dust collection area
모터
Brush motor
솔
Brush
충전용 배터리
Rechargeable batteries
dirt detect
status
clean
iRobot

휴대용 진공청소기

Handheld Vacuum

휴대용 진공청소기는 아마도 완전 디지털화가 될 수 없는 기계 중 하나다. 아무리 청소기 기술이 발전해도 말이다. 청소기 중심부에 있는 모터는 공기를 움직여 먼지를 빨아들인다. 모터는 임펠러(작은 프로펠러)를 돌려 안쪽에 진공을 만들고, 외부의 먼지들은 흡입구를 통해 먼지통 안으로 모인다. 바깥 공기가 압력차에 의해 진공으로 빨려 들어가면서 먼지가 같이 딸려오는 것이다. 공기는 임펠러에 의해 바깥으로 빠져나가지만 먼지는 먼지 필터에 막혀 먼지통에 모이게 되는 것이다.

청소기가 어떤 원리로 작동되는지 알게 되었다. 이 작은 휴대용 청소기라도 먼지를 빨아들일 수 있을 정도의 압력차를 만들어내기 위해 임펠러가 얼마나 빨리 회전해야 되는지를 알면 놀랄 것이다. 그 에너지는 뒤쪽에 장착된 배터리에서 공급된다.

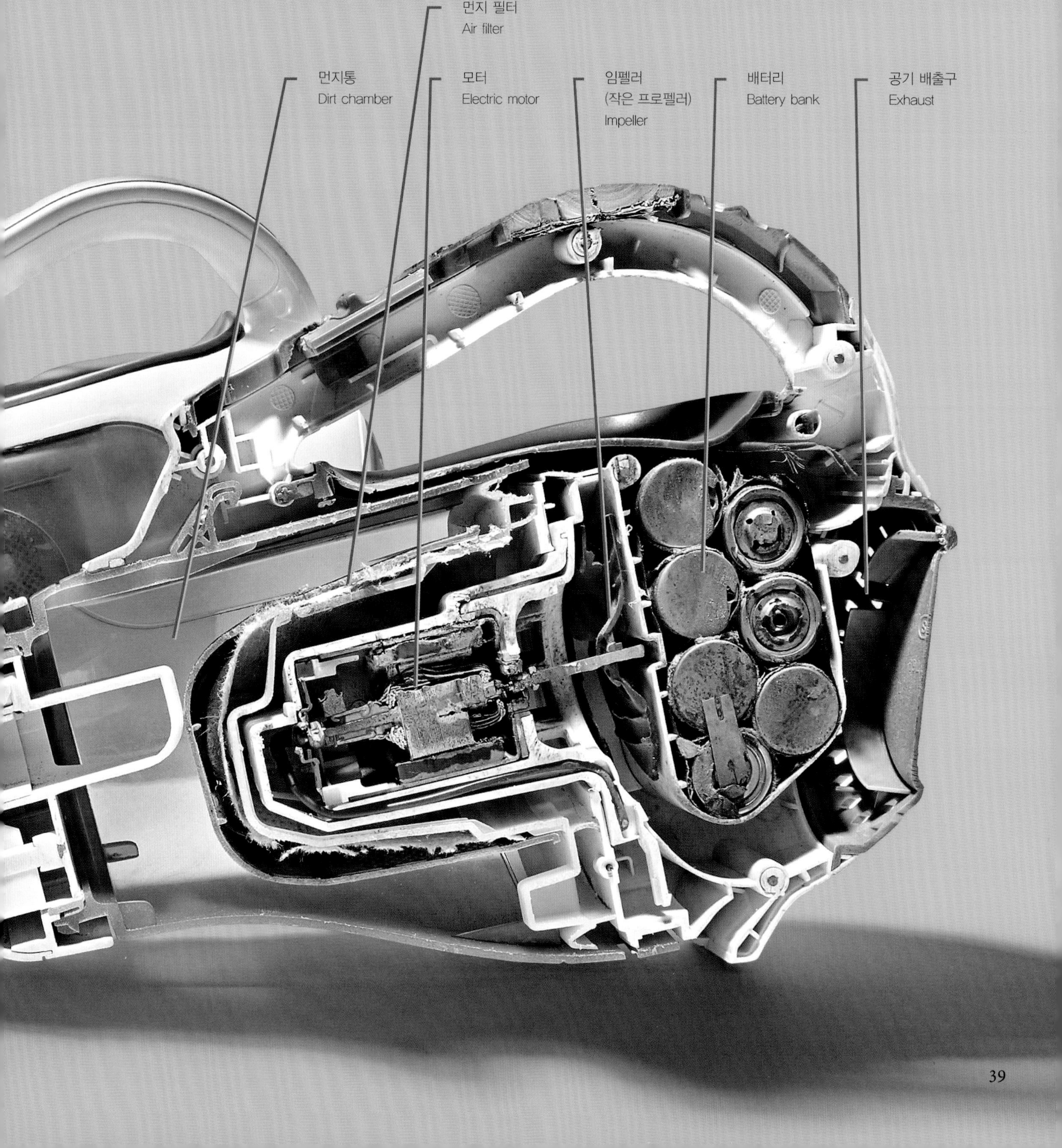
먼지 필터
Air filter
먼지통
Dirt chamber
모터
Electric motor
임펠러
(작은 프로펠러)
Impeller
배터리
Battery bank
공기 배출구
Exhaust

스포츠 장비

SPORTS EQUIPMENT

볼링공 Bowling Ball

볼링공의 무게는 다양하다. 또한 회사마다 만드는 방법도 다양하다. 전문가용 고급 볼링공의 안쪽은 중심부 질량이 비대칭으로 분포되어 있다. 이 때문에 볼에 스핀을 주게 되면 레인 위에서 볼링공의 궤적이 휜다. 아마추어 볼링공의 경우 가황 처리한 고무 등으로 중심부를 만들어 좀 더 경제적이다. 표면은 지속적으로 받는 충격에 견디도록 내구성 높은 폴리우레탄 껍질로 코팅 되어 있다.

공을 갈라보면 속은 단단하게 가황 처리한 고무에 재활용 코르크가 여기저기 섞여 있다. 이렇게 만들면 비싼 고무를 아끼면서도 부피를 키울 수 있다. 공 안쪽의 물질이 전체적으로 균질하고 목표한 무게를 달성하기만 한다면, 어차피 버려질 코르크를 여기에 사용하는 게 이득이다.

코르크
Cork pieces
가황 처리 고무
Vulcanized rubber
폴리우레탄 껍질
Polyurethane shell

볼링핀 Bowling Pin

수줍은 볼링핀은 많은 주목을 받지 못한다. 아마도 항상 멀찌감치 떨어져 있기 때문일 것이다. 10개가 한 세트인 표준 규격의 볼링핀은 단풍나무를 잘라 붙인 다음 선반에서 모양을 깎아 만든다.

세계텐핀볼링협회(World Tenpin Bowling Association)는 볼링핀의 높이와 지름은 규격을 지켜야 하지만 무게는 약간의 변동이 있을 수 있다고 규정하고 있다. 하나의 볼링핀은 1.53~1.64kg이어야 하고, 10개의 볼링핀 세트의 경우 각 핀이 0.11kg 이상 무게 차이가 나서는 안 된다.

또한 볼링핀의 위쪽부터 아래쪽까지의 무게 분포에 대한 규정도 정해져 있다. 핀의 아랫배 영역에 몇 개의 빈 공간이 있는 것이 허용된다. 이것은 위쪽이 가늘고 아래쪽이 불룩한 볼링핀의 균형을 잡기 위해 꼭 필요하다. 빈 공간이 있게 되면 무게 중심이 아래쪽에 쏠리지 않고 위쪽으로 올라가 볼링공에 맞았을 때 적당히 잘 쓰러지게끔 된다. 볼링핀의 외부는 충격에 강한 플라스틱으로 코딩되어 있고 볼링핀답게 두 개의 빨간색 줄을 그어 마무리 한다.

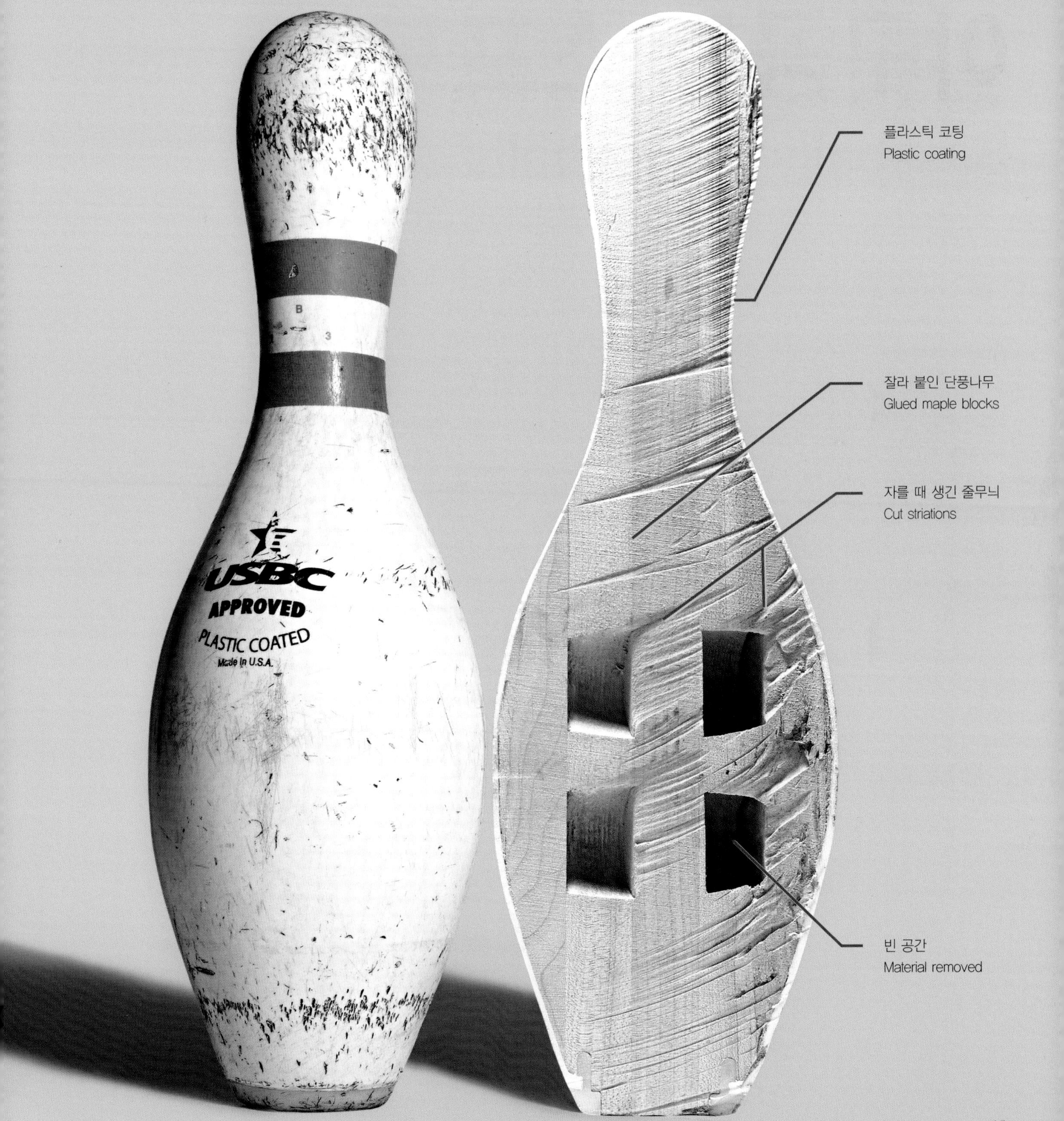
USBC
APPROVED
PLASTIC COATED
Made in U.S.A.
플라스틱 코팅
Plastic coating
잘라 붙인 단풍나무
Glued maple blocks
자를 때 생긴 줄무늬
Cut striations
빈 공간
Material removed

야구공과 소프트볼

Baseballs & Softballs

다양한 야구 규칙에 따라 몇 가지 다른 야구공이 쓰인다.

소프트볼 경기에서 사용하는 공은 크기가 크며, 안쪽의 코르크 재질에 가죽을 덮은 후 바느질해서 만든다.

현대의 표준 야구공의 중심부는 단단한 코르크 위에 검정색과 붉은색 고무를 둘러싸고, 그 위를 다시 두꺼운 털실로 감싼다. 바깥 껍질 쪽은 얇은 털실로 칭칭 감겨 있고, 그것을 덮은 하얀 가죽을 붉은 실로 꿰매어 놓았다.

연습용 야구공은 표준 야구공과 크기가 같지만, 중심부와 껍질이 합성수지로 만들어져있다. 합성수지로 만든 껍질은 가죽에 비해 내구성이 높고 색깔도 오래 유지된다.

이 외에도 어린이들이 사용하기에 안전한 탄성이 높고, 부드러운 재질의 야구공이 있다. 안쪽은 고무 폼 수지로 되어 있어 배팅하면 다른 공들보다 멀리 날아간다.

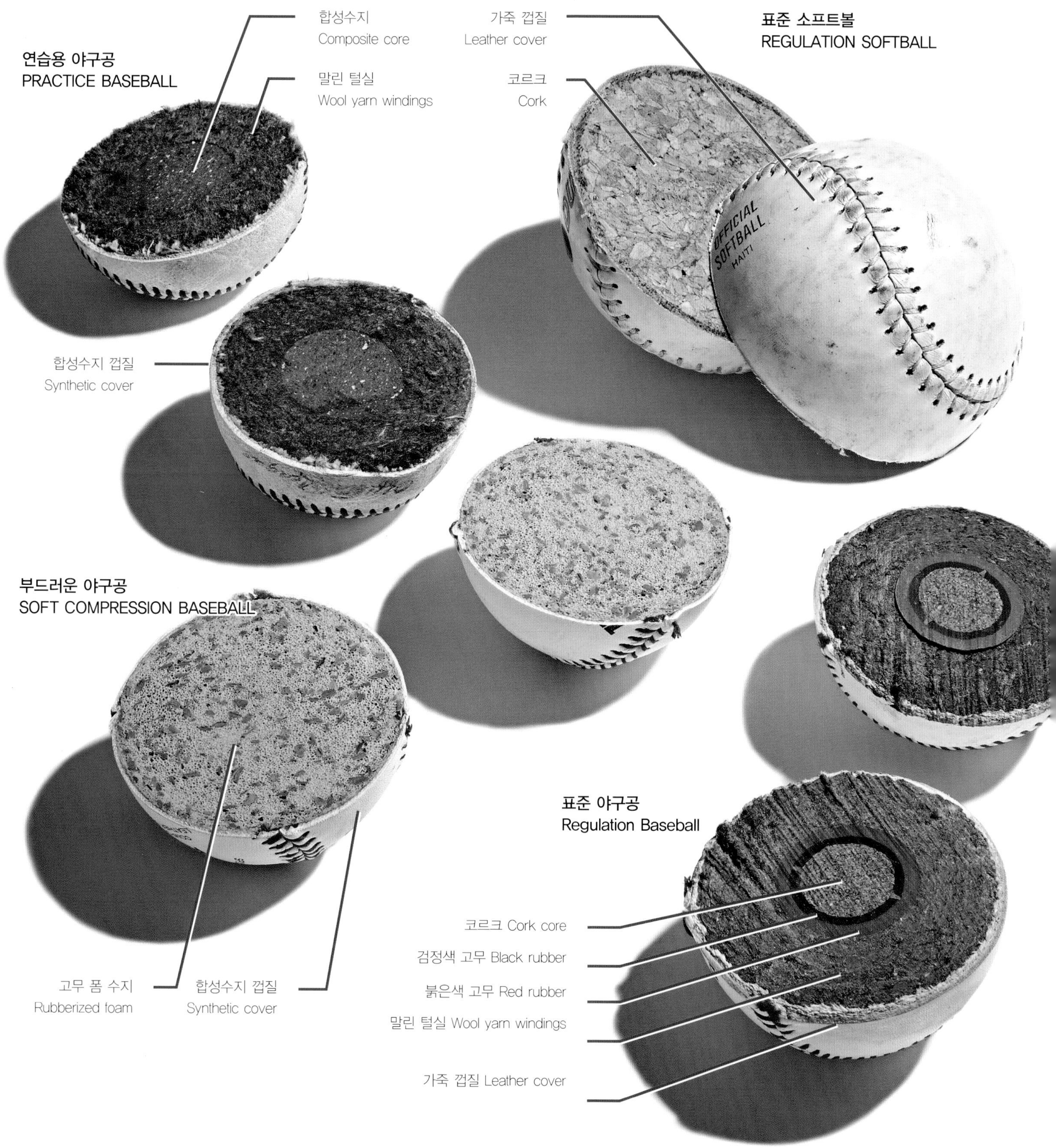
연습용 야구공
PRACTICE BASEBALL
합성수지
Composite core
말린 털실
Wool yarn windings
합성수지 껍질
Synthetic cover
가죽 껍질
Leather cover
코르크
Cork
표준 소프트볼
REGULATION SOFTBALL
OFFICIAL SOFTBALL
HAITI
부드러운 야구공
SOFT COMPRESSION BASEBALL
고무 폼 수지
Rubberized foam
합성수지 껍질
Synthetic cover
표준 야구공
Regulation Baseball
코르크 Cork core
검정색 고무 Black rubber
붉은색 고무 Red rubber
말린 털실 Wool yarn windings
가죽 껍질 Leather cover

골프공 Golf Balls

운동 선수들은 경쟁상대를 이기기 위해 열심히 노력한다. 스포츠 용품 제조사들도 마찬가지다. 사진의 모든 골프공들은 크기와 무게에 있어서는 표준을 맞추지만, 구성과 재질은 제조사별로 서로 경쟁적으로 특수한 재료들을 섞어 만든다.

각 골프공은 약간씩 다른 구성을 가진 고무 재질을 열가소성 플라스틱으로 감싸 만들어진다. 대부분의 현대 골프공들의 중심부는 고무로 이루어져 있다. 차이가 나는 곳은 주로 고무가 아닌 충전재인 필러 물질(사진에서 보듯 고무 안쪽 색색깔의 점들)이고, 이는 플라스틱이나 코르크 재질이다. 이 필러 물질의 종류에 따라 골프공의 운동 특성이 바뀐다.

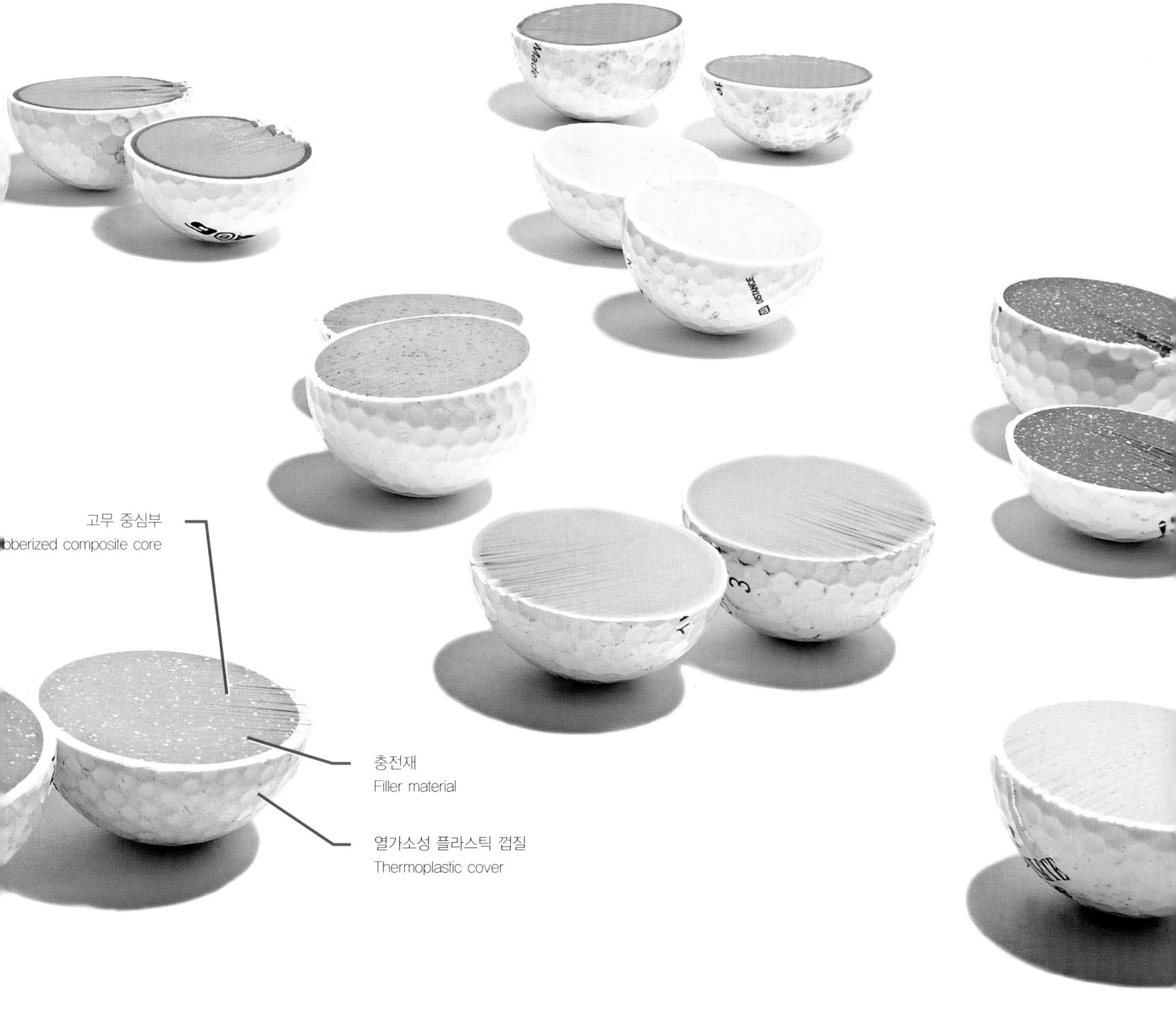

골프채
Golf Club Drivers

스포츠 용품 제조사들은 선수들의 기록을 향상시키기 위해, 스포츠의 다양한 측면을 관찰하고 파고들어 다양한 방법으로 기술을 발전시킨다. 골프에서는 그 측면이 두 가지다 : 골프공과 골프채.

아마 가장 중요한 골프채는 드라이버일 것이다. 가장 먼저 사용할 뿐만 아니라 앞으로 이어질 스트로크, 타수들을 결정하기 때문이다. 특히 어려운 난도의 라운드를 진행할 때 좋은 드라이버를 사용하면 이후의 스트로크들이 확연히 편해진다. 골프채들은 대부분 선수들의 키와 자세에 맞추어 맞춤 제작 된다. 예전에 드라이버들은 원목으로 만들었으나, 요즘에는 속이 빈 알루미늄이나 아연으로 제작된다. 제조사에 따라 드라이버 속을 빈 채로 두거나, 기록 향상을 위해 특허 물질로 안쪽을 채우기도 한다.

사진의 드라이버는 폼 재질로 채워져 있다. 밝은색의 폼 재질은 단단하고, 어두운색의 폼 재질은 고무 같이 신축성이 있다. 폼 재질은 드라이버 제조과정 중 거의 가장 마지막 단계에서 주입이 되어 빈 공간을 채운 후 밀봉한다. 드라이버 막대는 속이 빈 스테인리스강이나 탄소섬유(카본)로 만들어 유연하지만 강력하다. 손잡이는 고무재질로 둘러싸여 자전거 손잡이를 쥘 때와 느낌이 비슷하다.

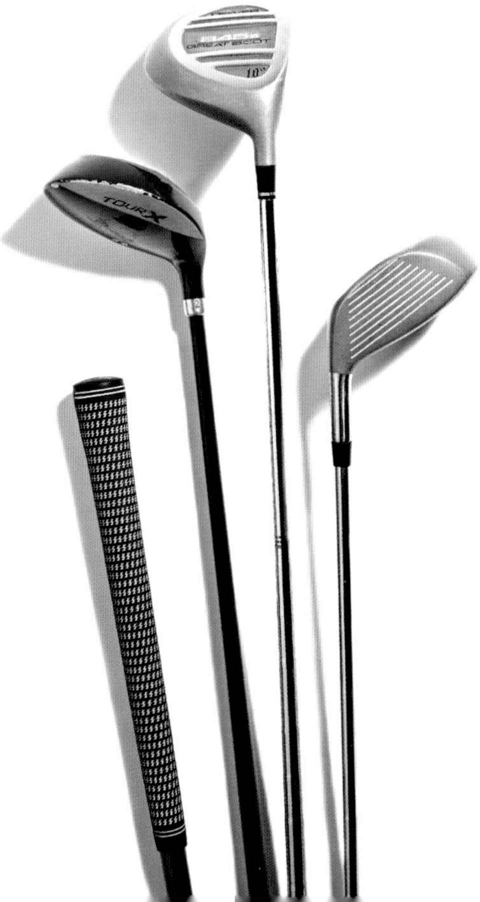

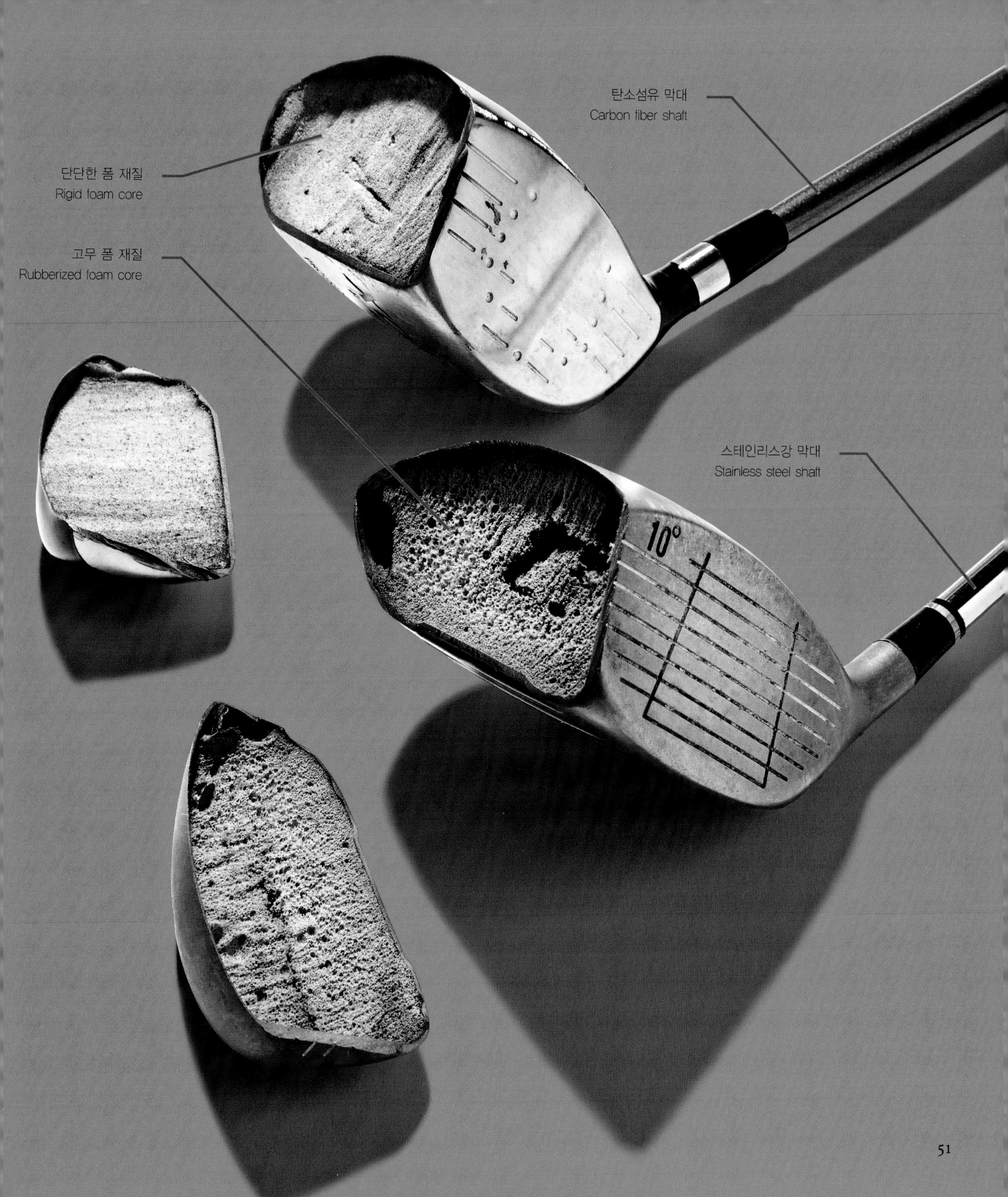
탄소섬유 막대
Carbon fiber shaft
단단한 폼 재질
Rigid foam core
고무 폼 재질
Rubberized foam core
스테인리스강 막대
Stainless steel shaft
10°

낚싯대 릴 Fishing Reel

낚싯대 릴은 낚싯줄을 래칫(한 방향 톱니바퀴)이 달린 스풀(실감개)에 잘 감아 정돈해주는 역할을 한다. 한쪽으로만 회전하는 톱니바퀴로 구성된 래칫 기구에 의해 낚싯줄이 안쪽으로는 잘 말리지만 바깥으로는 풀리지 않는다. 낚싯줄을 멀리 던져 풀 때는 래칫의 방향을 반대로 바꾼다.

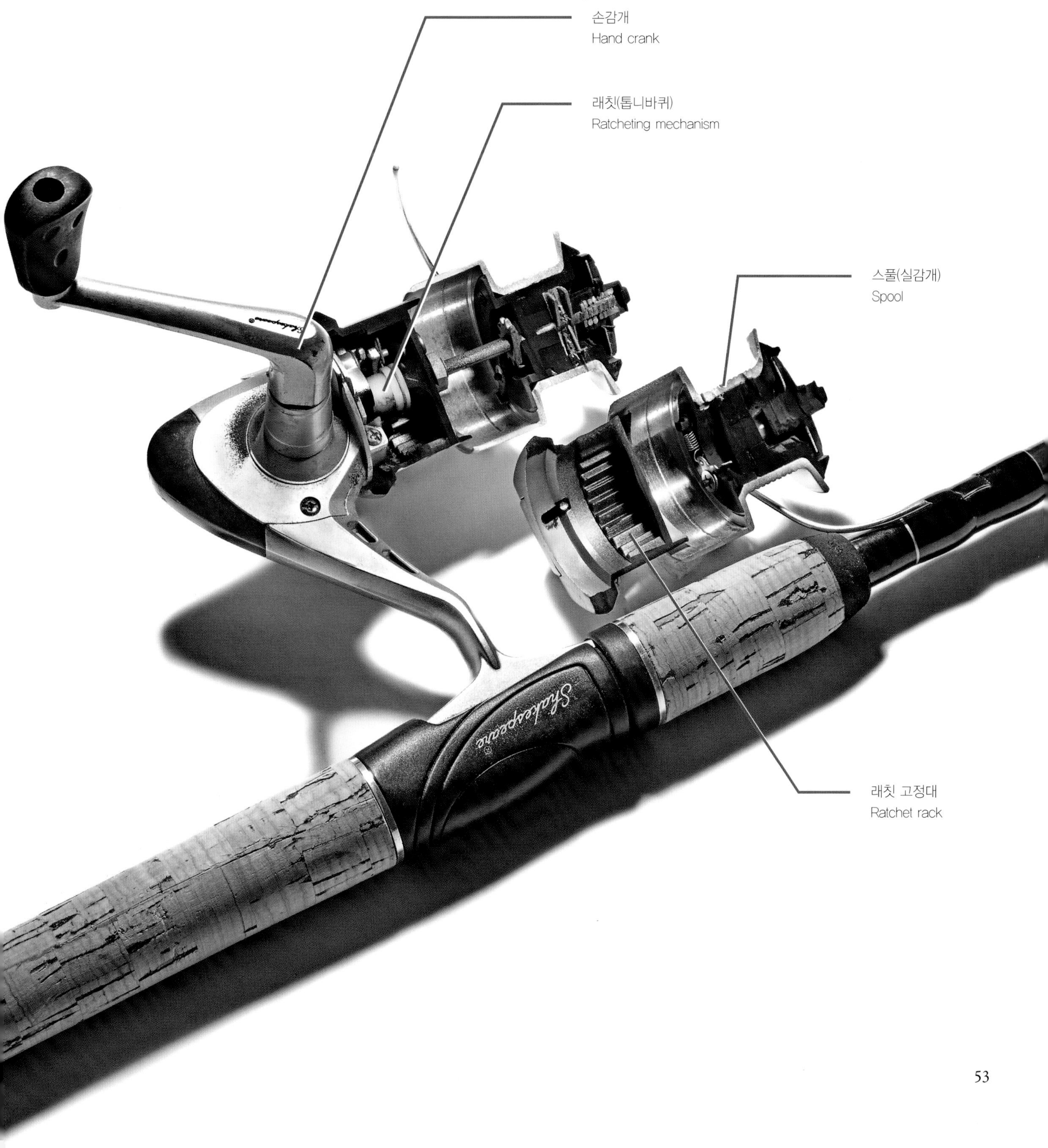
손감개
Hand crank
래칫(톱니바퀴)
Ratcheting mechanism
스풀(실감개)
Spool
래칫 고정대
Ratchet rack

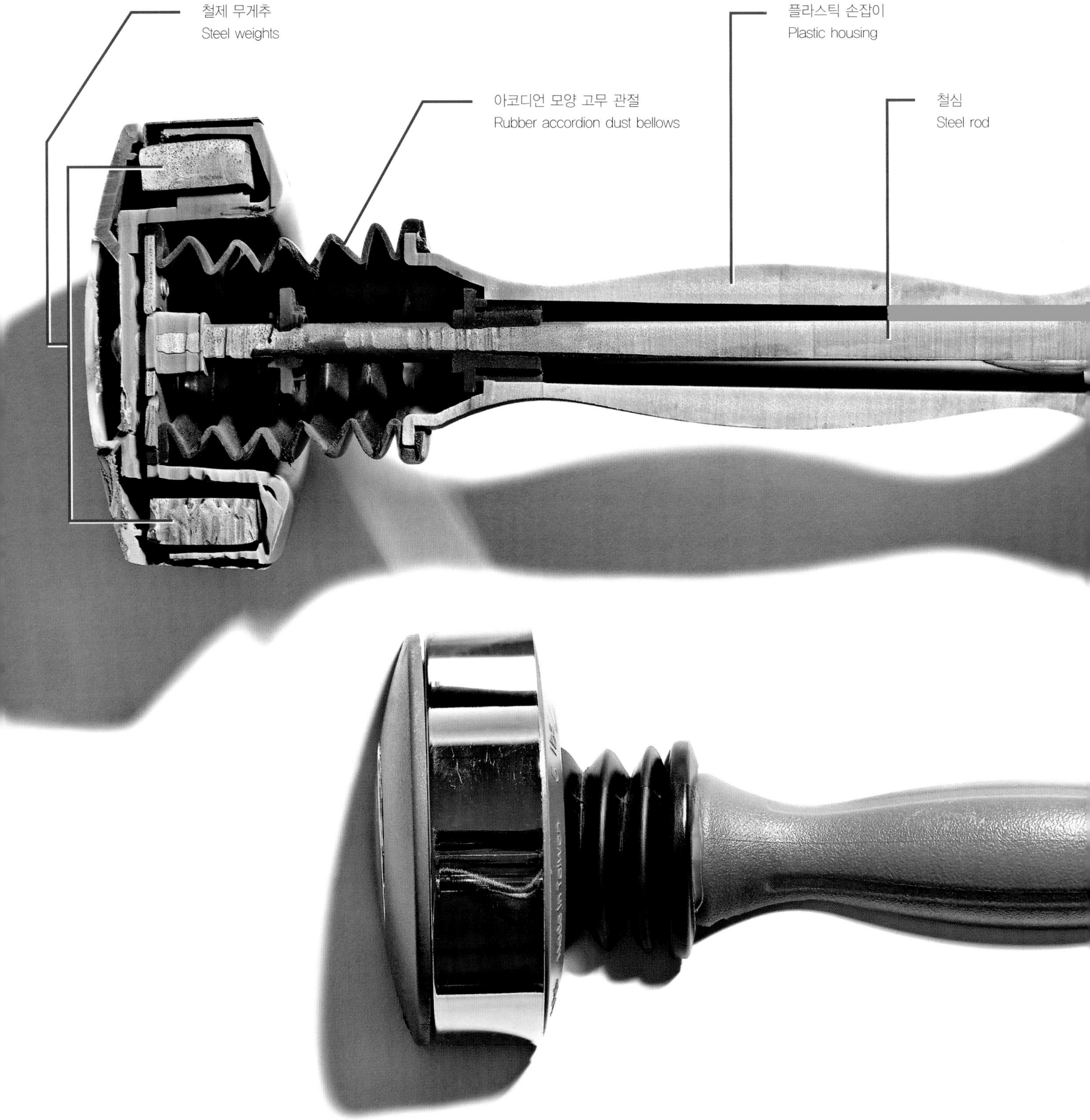
철제 무게추
Steel weights
아코디언 모양 고무 관절
Rubber accordion dust bellows
플라스틱 손잡이
Plastic housing
철심
Steel rod

흔들이아령(등척운동기구)

Isometric Excercise Equipment

등척운동(등장성운동과는 반대)은 마치 무거운 책상이나 벽을 밀 때처럼 근육의 길이가 변하지 않으면서 무게에 저항하는 운동이다. 사진에 보이는 일명 '셰이크 웨이트(흔들이아령)'는 세운 후 손잡이를 두 손으로 잡고 위아래로 흔드는 방식으로 사용한다. 이때 막대 양 끝에 달린 무게추가 움직이면서, 운동기구가 잡은 손 밖으로 튀어나가려고 하는데, 이에 맞서 저항하는 것이 운동이 되는 것이다.

운동기구 안쪽에는 철심이 있고, 양끝에 철제 무게추가 달려 있다. 이것들은 손잡이와 별개로 안쪽에서 양방향으로 자유롭게 움직일 수 있다. 손잡이와 무게추는 아코디언처럼 생긴 고무 관절로 연결되어 있어 먼지가 내부로 들어가는 것을 막는다.

스파이크 운동화 Sports Cleats

축구는 속도의 스포츠다. 빠른 전환과 패스와 슈팅이 승패의 관건이다. 이를 위해 내구성 높고 가벼운 스파이크 운동화는 필수적이다. 스파이크 운동화는 단단한 플라스틱 지지대를 가지고 있어 튼튼하다. 또한 딱딱한 뒤꿈치 지지대가 있어 신발을 꽉 묶어도 발이 편하다.

스파이크 운동화 하단은 내구성이 높은 압축 플라스틱 스파이크가 달려 있어, 미끄러운 상황에서도 균형을 잡을 수 있게 도와준다. 반면 안쪽은 폼 재질의 충전재와 바람이 통하는 통풍 직물로 되어 있어 착용감이 좋다. 운동화의 앞쪽은 발가락을 보호할 수 있도록 주로 가죽이나 비닐로 만든다.

압축 플라스틱 스파이크
Hard plastic cleats

권투장갑

Boxing Gloves

권투장갑은 주먹을 감싼다. 게임마다 분투하는 선수의 손을 보호하기 위해 겹겹이 충전재를 쌓아 펀치 때의 충격을 최대한 분산시킨다. 장갑의 가장 바깥은 비닐이나 가죽 같은 방수 재질로 만들어 안쪽으로 땀이 흡수되는 것을 막는다. 그 안쪽에는 푹신한 폼 재질을 넣어 표적을 가격할 때의 충격을 흡수한다. 다음은 두껍고 딱딱한 충격방지용 폼 재질로 구성되어 있고, 더 안쪽에는 매우 얇지만 정말 딱딱한 폼 재질이 펀치의 에너지를 마지막으로 분산시켜 충격을 최대한 줄여준다. 장갑 가장 안쪽은 질긴 솜 재질로 손에 편안한 착용감을 갖게 해준다.

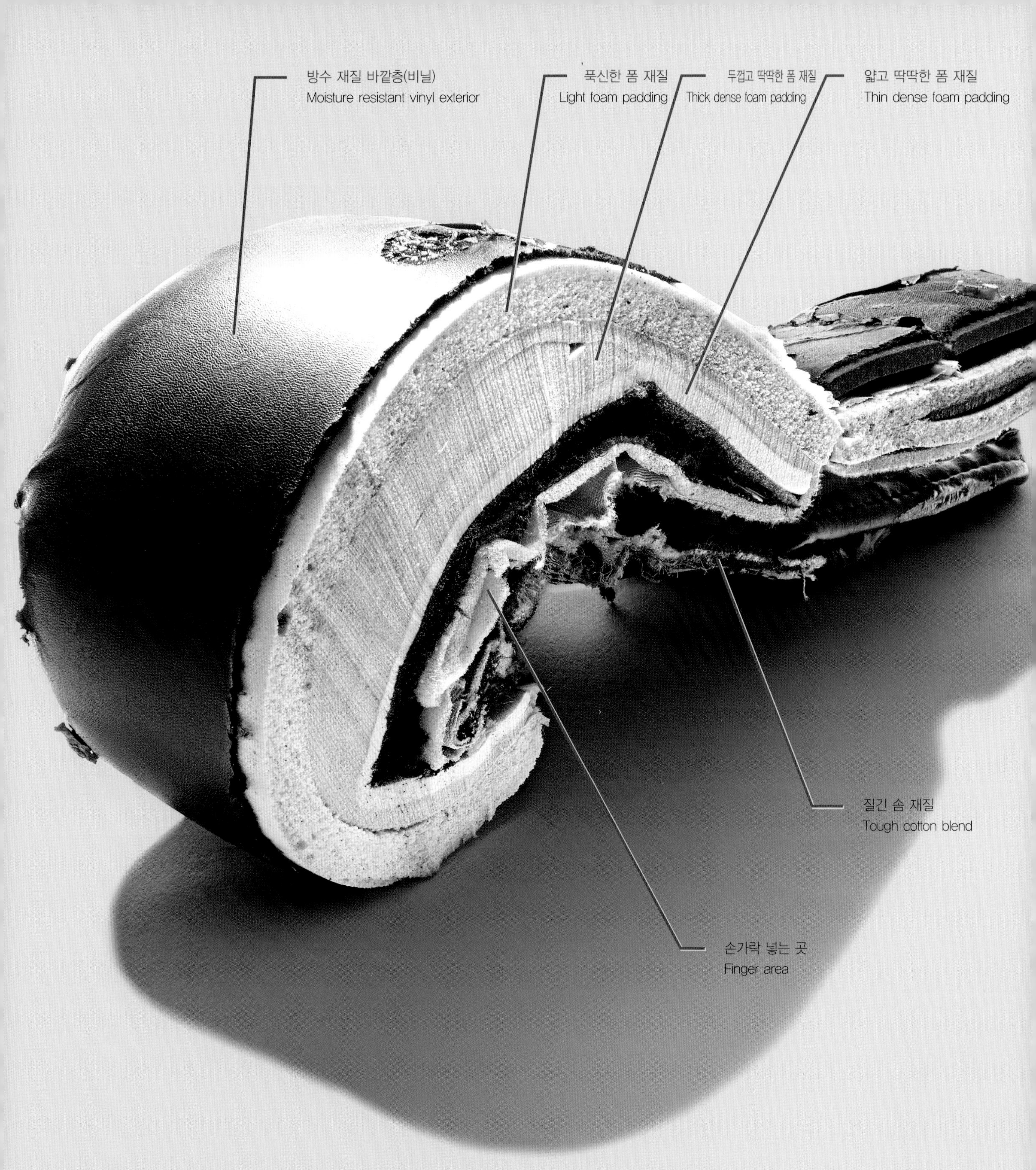
방수 재질 바깥층(비닐)
Moisture resistant vinyl exterior
푹신한 폼 재질
Light foam padding
두껍고 딱딱한 폼 재질
Thick dense foam padding
얇고 딱딱한 폼 재질
Thin dense foam padding
질긴 솜 재질
Tough cotton blend
손가락 넣는 곳
Finger area

전자제품

ELECTRONICS

디지털 카메라 Digital Camera

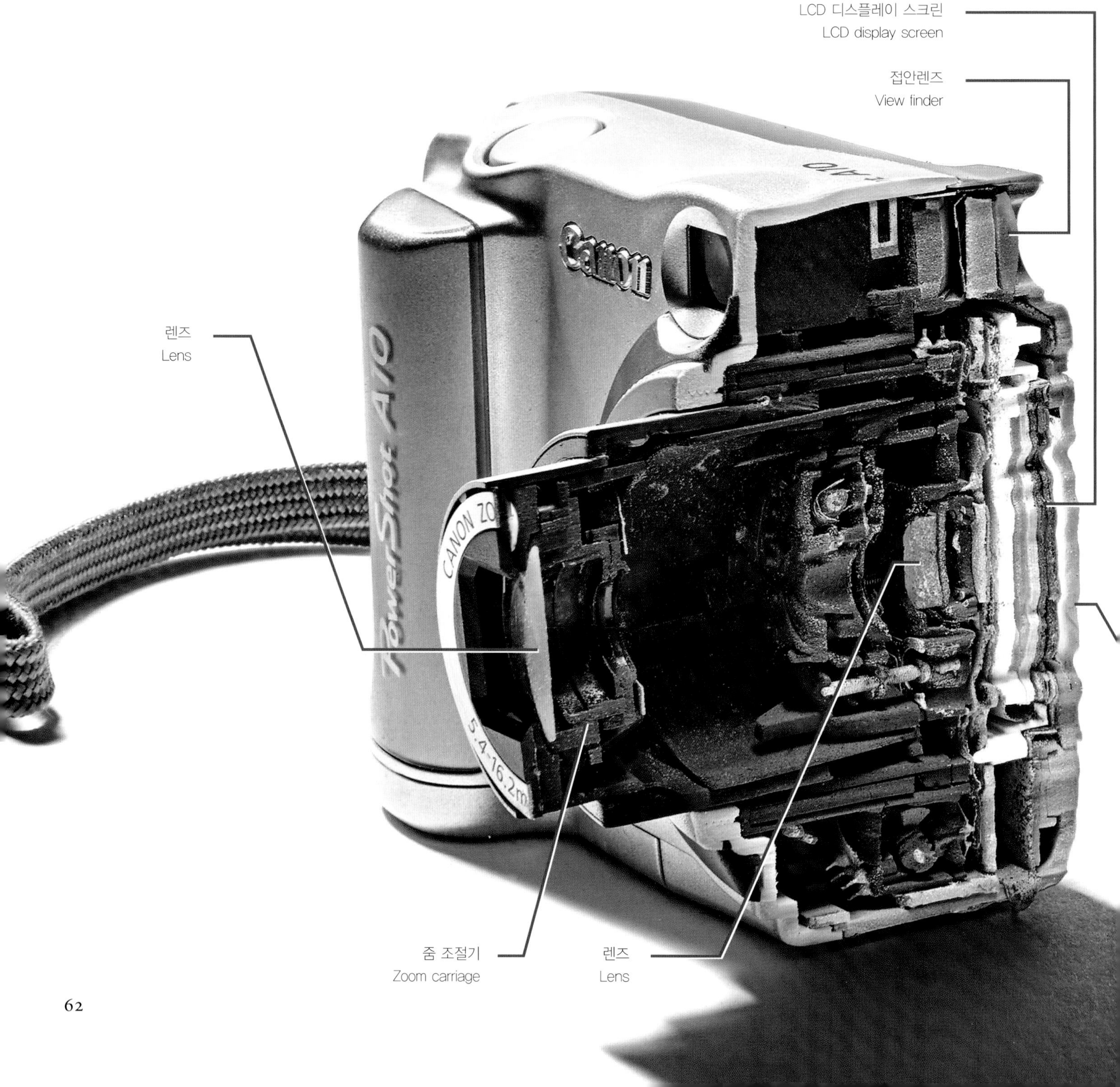

카메라가 작동되는 기본 원리는 카메라 발명 이후 지금까지 별로 변한 것이 없다. 그 원리는 열린 틈새로 빛이 들어오고, 초점을 맞추고, 이미지를 보존하는 것이다. 요즘 카메라의 차이점은 렌즈를 조절할 때 전자기술을 사용한다는 점과 이미지를 필름에 저장하는 것이 아니라 디지털 저장매체를 이용한다는 점이다.

초점을 맞추고–촬영하는 이 디지털 카메라는 빛이 렌즈를 통해 카메라 안쪽의 센서까지 전달되는 경로가 잘 드러나 있다. 물체에서 반사된 빛은 렌즈를 통해 집중되어 카메라 뒤편의 센서에 투사된다. 센서는 들어온 빛을 픽셀정보로 전환하고, 데이터를 메모리카드에 저장한 다음 그것을 카메라 뒷면의 스크린에 출력한다.

카메라 안쪽을 들여다보면, 정말 오밀조밀하고 꽉 찬 구성이 흥미롭다. 센서와 디지털 프로세서, 그리고 스크린까지 이 작은 기계 안에 모두 들어있다. 사진을 자세히 보면 안쪽에 약간 녹이 쓸어있는데, 이것은 워터제트 물이 안쪽의 금속 부품과 닿으며 생긴 산화의 결과이다.

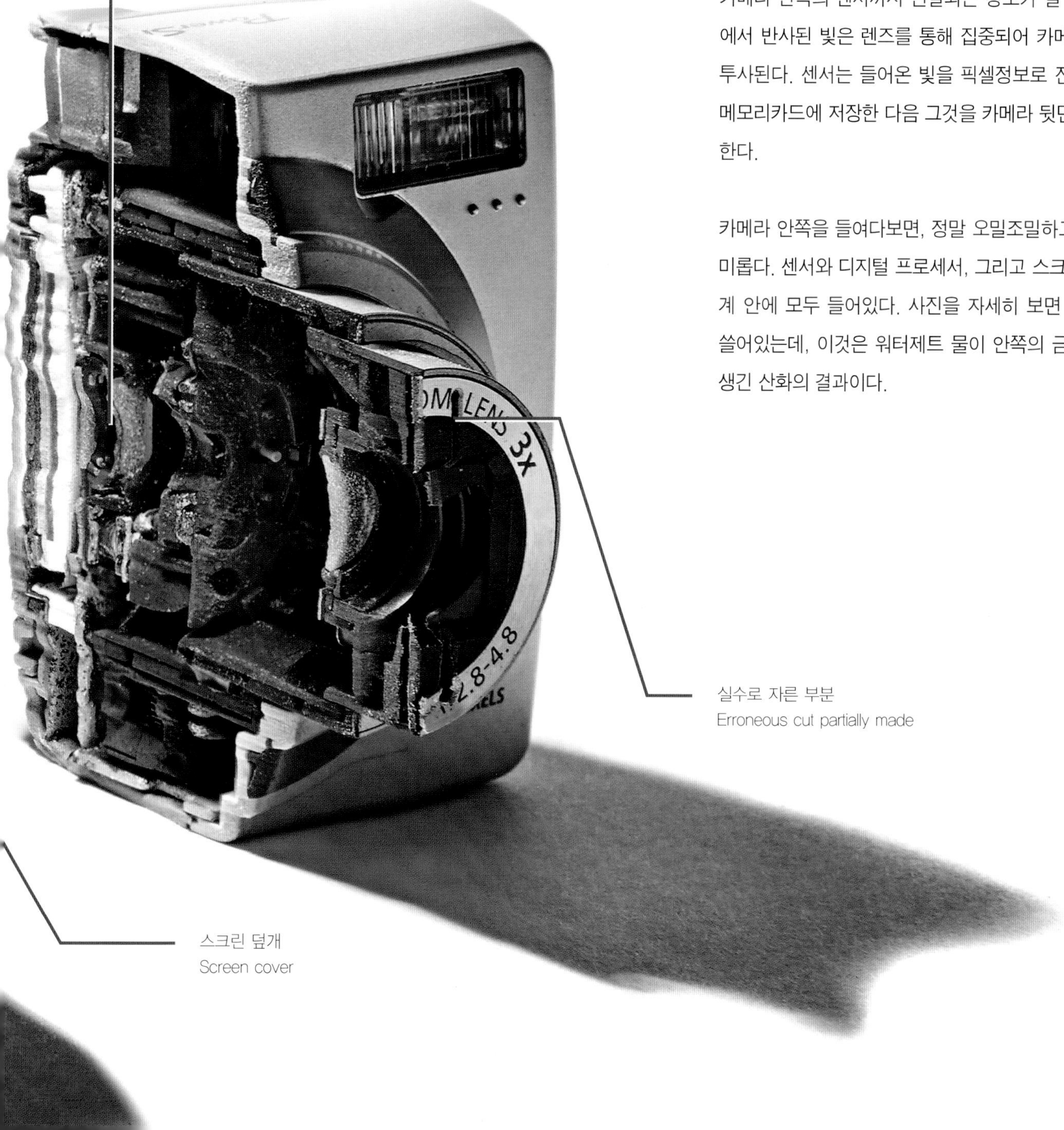

센서
Sensor
프리즘
Prism
초점 조절기
Focus ring
줌 조절기
Zoom ring
렌즈들
Lenses
non
5-80mm 1:4-5.6 Ⅲ
CANON INC.

DSLR 카메라

DSLR Camera

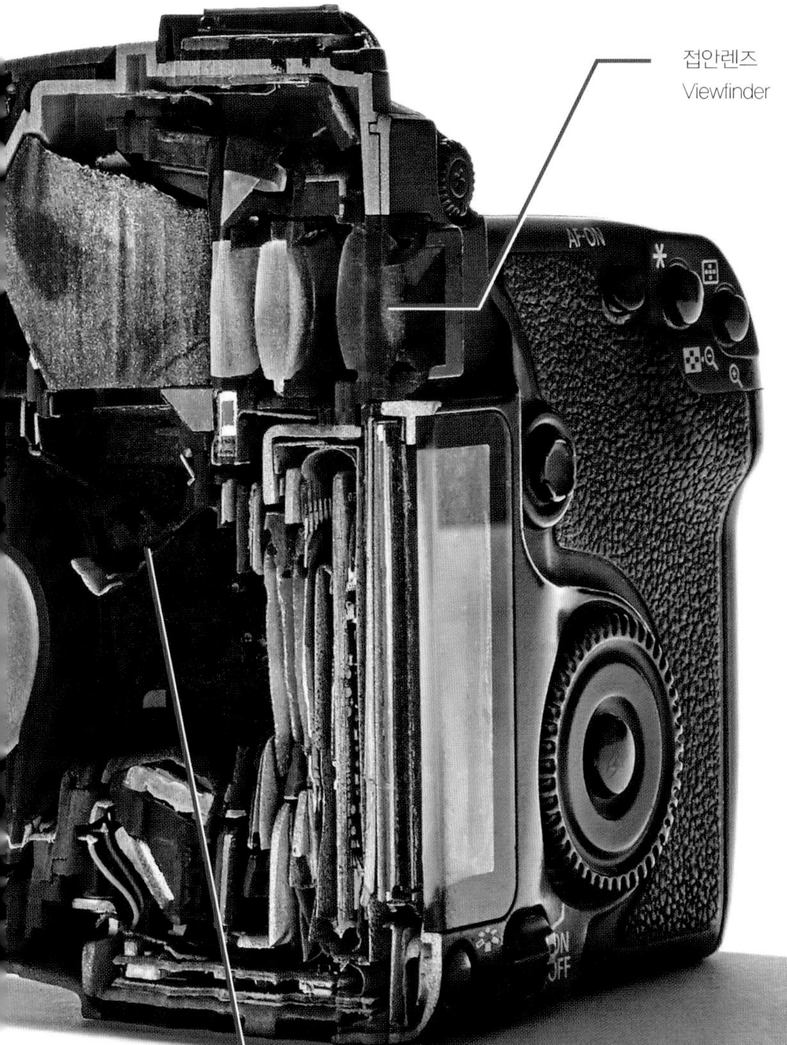

DSLR(digital single-lens reflex, 디지털 일안 반사식 사진기) 카메라는 노출판 위에 덮개를 씌어 사진을 찍던 초창기 카메라의 업데이트 버전이다. DSLR 카메라는 노출판 대신 디지털 센서로 물체의 빛 정보를 캡처하여 메모리카드에 디지털 정보로 저장한다. 센서는 작은 거울로 전부 가려져 있고, 위쪽에 있는 렌즈에서 오는 빛을 프리즘 쪽으로 반사한다. 프리즘은 그 빛을 접안렌즈 쪽으로 보내어 사진을 찍기 전 물체를 미리 보여준다. 셔터가 눌리면 렌즈를 가리고 있던 거울이 순식간에 옆으로 열렸다 닫히면서 그 순간 렌즈를 통과한 빛을 센서가 받아 이미지를 캡처한다. 이 과정은 모두 한순간 이루어지지만, 셔터를 누를 때마다 우리는 그저 찰칵거리는 소리를 듣는다.

이 복잡한 렌즈들은 빛을 모두 카메라 쪽으로 모아주는 역할을 한다. 렌즈의 위치를 조정하여 이미지의 크기를 키우거나 초점을 맞출 수 있다. 줌과 초점 조절기를 이용해 이 과정을 조절할 수 있다.

LED 전구 LED Light Bulb

흔한 LED 전구도 안을 들여다보면 비밀을 간직하고 있다. 진공관 안 얇은 마그네슘 필라멘트를 달구어 빛을 발생시키는 전통적인 백열전구와는 다르게, 이 최신의 전구는 LED(Light emitting diodes, 발광 다이오드)를 이용하여 빛을 발생시킨다.

이 LED 전구는 고리 모양의 LED 등을 플라스틱 돔으로 덮어 빛을 고르게 분산시킨다. LED에 공급되는 전력은 전구 안에 숨어있는 회로판과 전자 부품들에 의해 조절된다. LED 전구는 에너지 효율이 높아 경제적일 뿐만 아니라, 백열전구에 비해 소모성 부품이 적어 수명이 길다. (예를 들어 LED 전구에는 자주 끊어지는 얇은 필라멘트가 없다.) 또한 전구 안쪽 빈 공간들은 수지로 채워져 있어 부품들이 움직이지 않게 보호해주는 역할을 하여 수명을 더욱 증가시킨다. 이것과 플라스틱 돔 덮개가 합쳐져서, 실수로 LED 전구를 바닥에 떨어트려도 깨지지 않는다. 얼마나 멋진가!

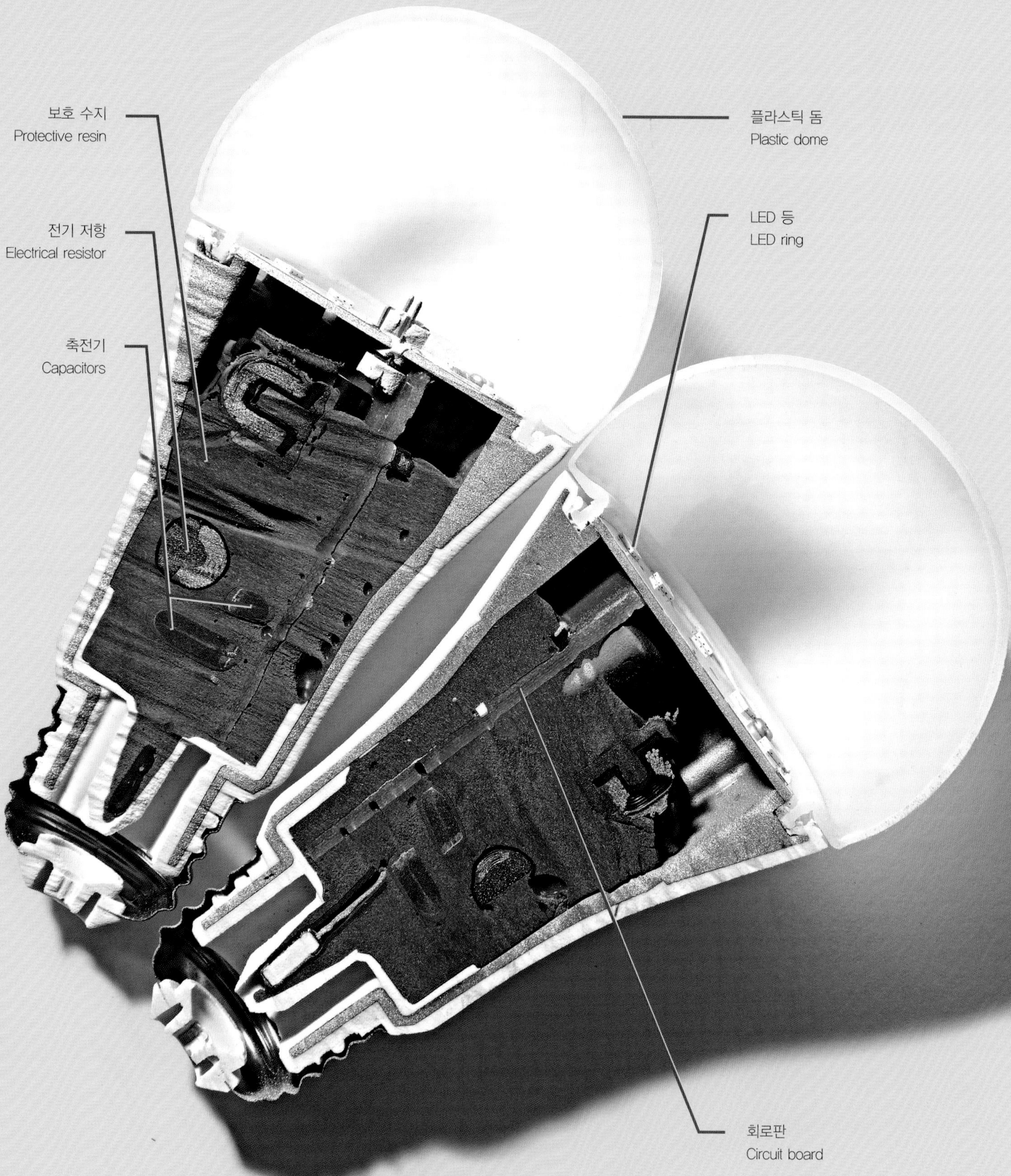
보호 수지
Protective resin
전기 저항
Electrical resistor
축전기
Capacitors
플라스틱 돔
Plastic dome
LED 등
LED ring
회로판
Circuit board

마사지 기계

Electric Massager

이 마사지 기계는 전기모터와 모터 축 중심에서 떨어져서 배치된 무게추로 인해 발생되는 편심운동[1]을 이용한다. 이 편심운동으로 인한 기계의 진동이 몸에 전해져 뭉친 근육을 풀어준다.

기계 위쪽에 있는 배터리함에는 폼 재질이 채워져 있어서 진동에 배터리가 흔들리는 것을 막아준다. 기계의 위쪽과 아래쪽은 분리되어 있는데, 그 사이에는 실리콘 분리판이 설치되어 아래쪽의 진동이 위 손잡이 그립에 전달되는 것을 막아주어 손의 피로를 덜어준다.

1) 회전중심이 어긋난 운동.

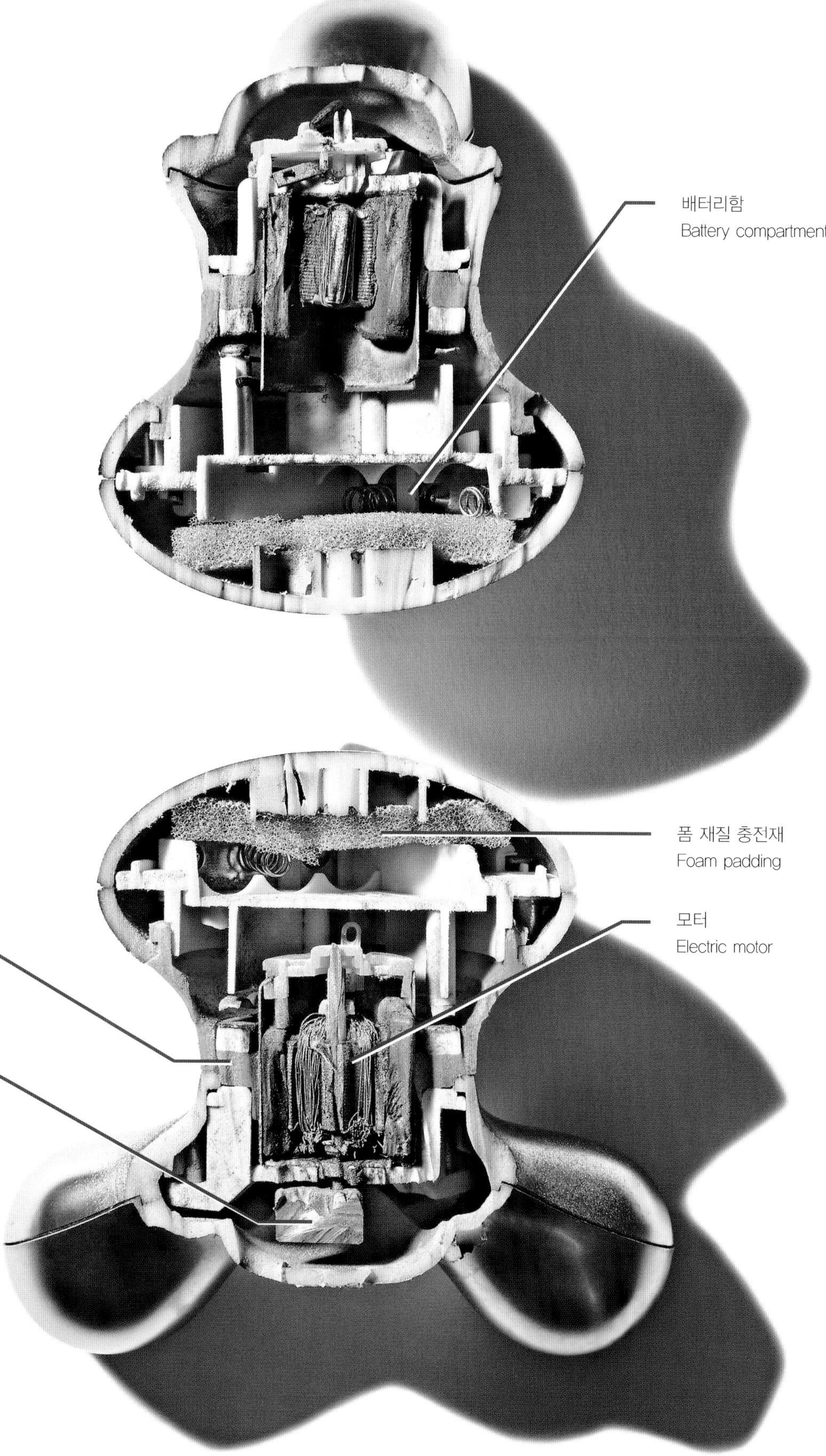
배터리함
Battery compartment
폼 재질 충전재
Foam padding
모터
Electric motor
실리콘 분리판
Silicone isolator gasket
중심축에서 떨어진 무게추
Off-center weight

카세트 플레이어

Audio Cassette Recorder

옛날 옛적에(1960년대에), 카세트 플레이어는 휴대용 음향기술의 혁명이었다. 카세트는 두 개의 톱니바퀴에 감겨있는 테이프에 자기로 음악 정보를 기록하고 재생할 수 있다. 둥그런 LP판들은 공장에서 만들어져 재생만 할 수 있었던 것에 반해 카세트테이프는 재생하고 녹음도 할 수 있게 개발되었다. 카세트 플레이어는 들고 다니며 녹음된 테이프를 꽂아 음악을 듣기도 하고, 일반 가정에서도 일명 공테이프에 마음대로 녹음할 수 있는 기계여서 당시에는 굉장한 (논란을 일으킨) 혁명이었다.

카세트테이프를 기계 안쪽에 삽입하고 플레이를 누르면 자기 헤드가 테이프 리본 위를 꾹 누른다. LP판에 바늘이 눌려 춤을 추며 소리를 재생하는 것처럼, 민감한 자기 헤드가 테이프의 자기 패턴을 읽어 그 정보를 소리로 변환시킨다. 모터에 의해 테이프가 감긴 톱니바퀴가 돌아가면서 리본이 헤드 위를 계속 지나가고 풀린 리본은 옆 톱니바퀴에 다시 감긴다.

이렇게 오래된 전자기계 안쪽을 들여다 볼 때는 항상 즐겁다. 왜냐하면 요즘의 디지털 전자기기에서는 찾아볼 수 없는 플라스틱 기어나 고무벨트가 달린 도르래 같이 아기자기한 부품들이 서로 맞물려 움직이는 아날로그 메커니즘을 신기하게 볼 수 있기 때문이다.

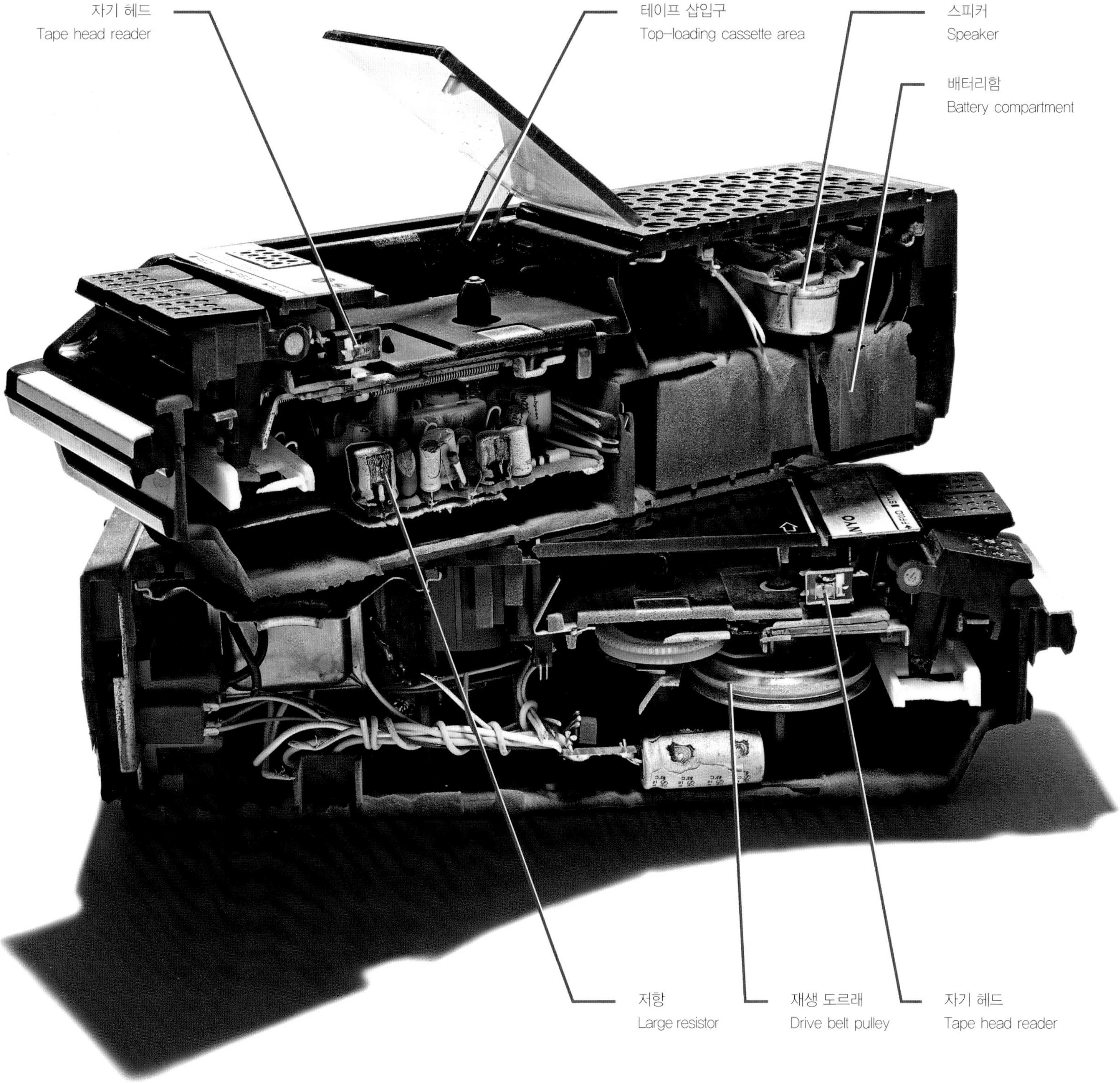

자기 헤드
Tape head reader
테이프 삽입구
Top-loading cassette area
스피커
Speaker
배터리함
Battery compartment
저항
Large resistor
재생 도르래
Drive belt pulley
자기 헤드
Tape head reader

비디오 플레이어

Video Cassette Recorder

VCR(Video cassette recorder) 즉, 비디오 카세트테이프 레코더는 오디오 카세트테이프 레코더의 친척격이다. 오디오는 물론 비디오가 재생된다는 점을 제외하면, 두 톱니바퀴에 감겨있는 자기화된 테이프 리본이 자기 헤드에 읽히는 오디오 카세트테이프의 기술이 그대로 사용된다.

VCR의 카세트테이프는 오디오 카세트테이프에 비해 크기가 훨씬 크고, 덮개가 있어 더 크고 취약한 리본을 보호한다. 테이프를 VCR기계 전면에 삽입하고 플레이를 누르면 테이프 덮개가 자동으로 벗겨진 후 헤드가 테이프를 누르고 저장된 비디오 내용물을 재생한다. 이 VCR은 기어와 벨트레버 등 수많은 기계 부품들이 맞물려 돌아가며 복잡한 움직임이 일어난다. 덮개를 들어 테이프를 노출시키고, 테이프를 팽팽한 상태에서 헤드에 밀착시키고, 톱니바퀴를 회전시켜 테이프를 풀고 다시 감는 일까지 한다.

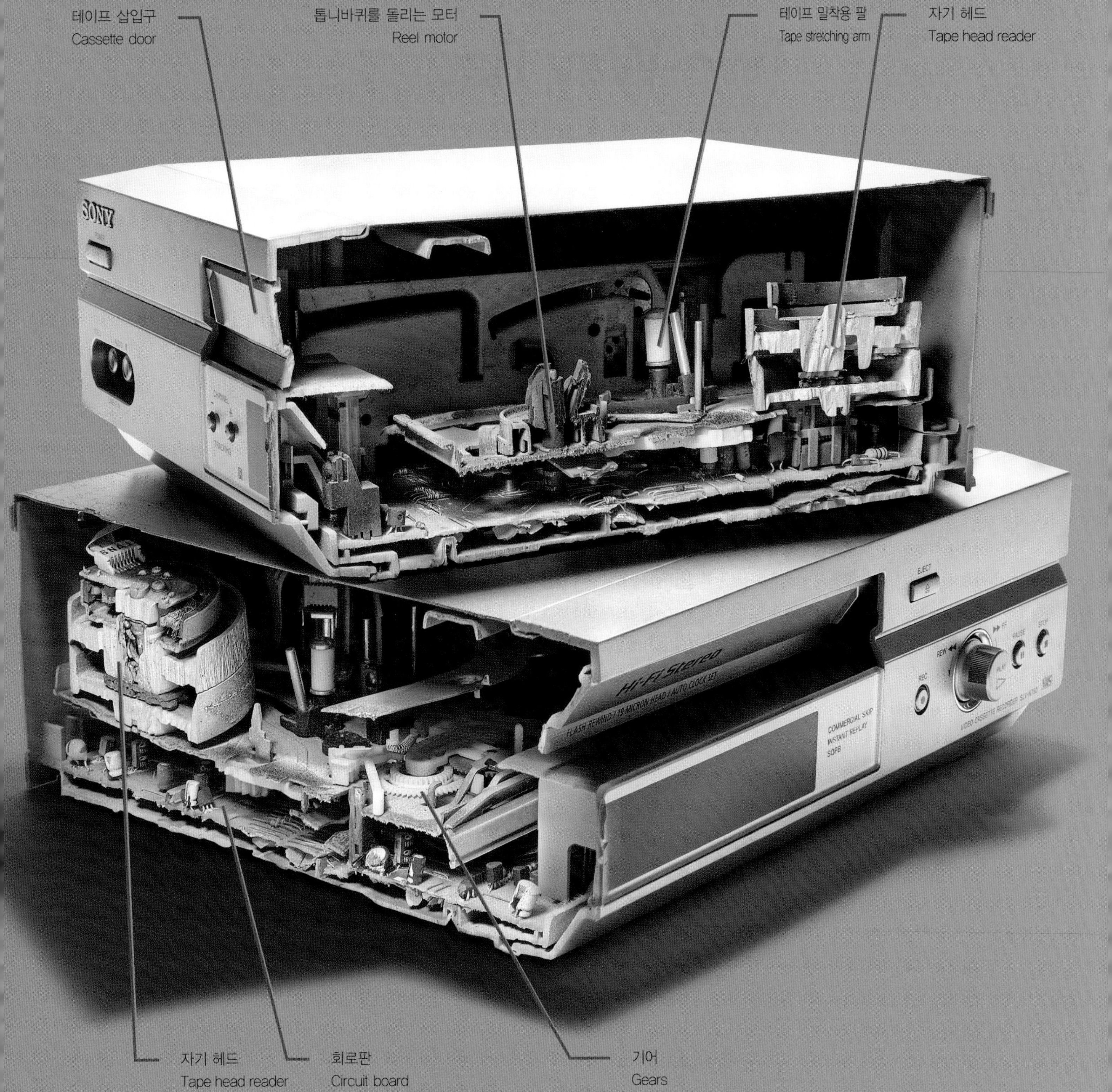
테이프 삽입구
Cassette door
톱니바퀴를 돌리는 모터
Reel motor
테이프 밀착용 팔
Tape stretching arm
자기 헤드
Tape head reader
SONY
EJECT
REW
FF
PAUSE
STOP
REC
PLAY
Hi-Fi Stereo
FLASH REWIND / 19 MICRON HEAD / AUTO CLOCK SET
COMMERCIAL SKIP
INSTANT REPLAY
SQPB
자기 헤드
Tape head reader
회로판
Circuit board
기어
Gears

무전기 Two-Way Radios

워키토키(Walkie-talkies)는 이른바 쌍방향 라디오인데, 수신자들끼리 직접 통화를 주고받을 있게 만들었다. 현대의 여러 전자제품들처럼 워키토키도 디지털화되면서 움직이는 부품들이 거의 사라졌고 보다 세련돼졌다. 이 라디오들은 서로 특정주파수를 이용하기 때문에 다른 무선기기와의 혼선이 발생되지 않는다. 또한 기계 위쪽에 있는 채널버튼을 이용하여 주파수를 수시로 변경할 수도 있다. 디지털 제품의 많은 장점 중 하나는 디지털 신호를 읽어서 작은 스크린에 정보를 표시할 수 있다는 것이다. 이 모델이 경우 LCD(Liquid Crystal Display) 스크린이 장착되어 있다.

이 워키토키의 내부 공간은 대부분 배터리가 차지하고 있는데, 나머지는 LCD, 회로판, 그리고 몇 가지 간단한 전자부품들이 들어있다.

채널 버튼
Channel selector
플라스틱 커버
c protective covering
저항
Resistor
LCD 스크린
LCD screen
배터리
Battery compartment
스피커
Speaker

컴퓨터 그래픽카드
PC Graphics Card

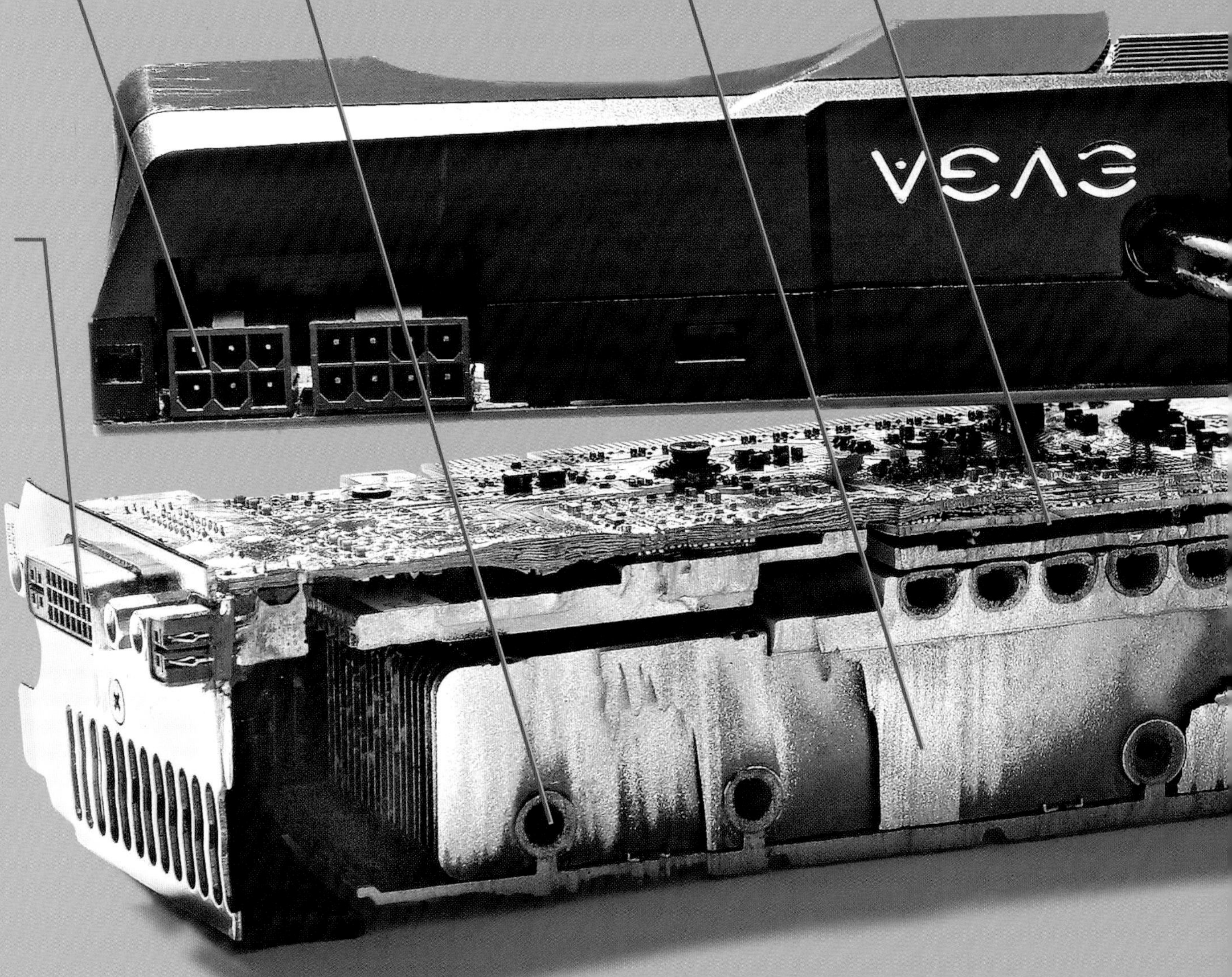

현대 데스크톱 컴퓨터는 전용 그래픽카드를 장착하여 시뮬레이션 소프트웨어나 게임에서 필요한 고성능 계산을 수행한다. 비디오 데이터 처리는 마더보드(주기판)에 장착된 중앙처리장치(CPU) 대신, 그래픽카드에서 전담하여, CPU가 프로그램의 논리 계산만을 담당할 수 있도록 한다.

그래픽카드는 작동하면서 많은 열을 발생시키는데, 이를 식혀줄 방법이 필요하다. 이 모델은 팬과 큰 알루미늄 열판, 구리파이프로 이루어진 방열판을 이용해서 공기 순환이 이루어지게 한다. 구리와 알루미늄은 좋은 열전도체로 그래픽카드 안쪽에서 발생한 열기를 바깥으로 빠르게 배출한다. 또 이 그래픽카드의 구리파이프는 은색 코팅이 되어 있는데, 이는 탈색을 방지하고(구리는 산화되면서 색이 변한다) 미관을 높인다.

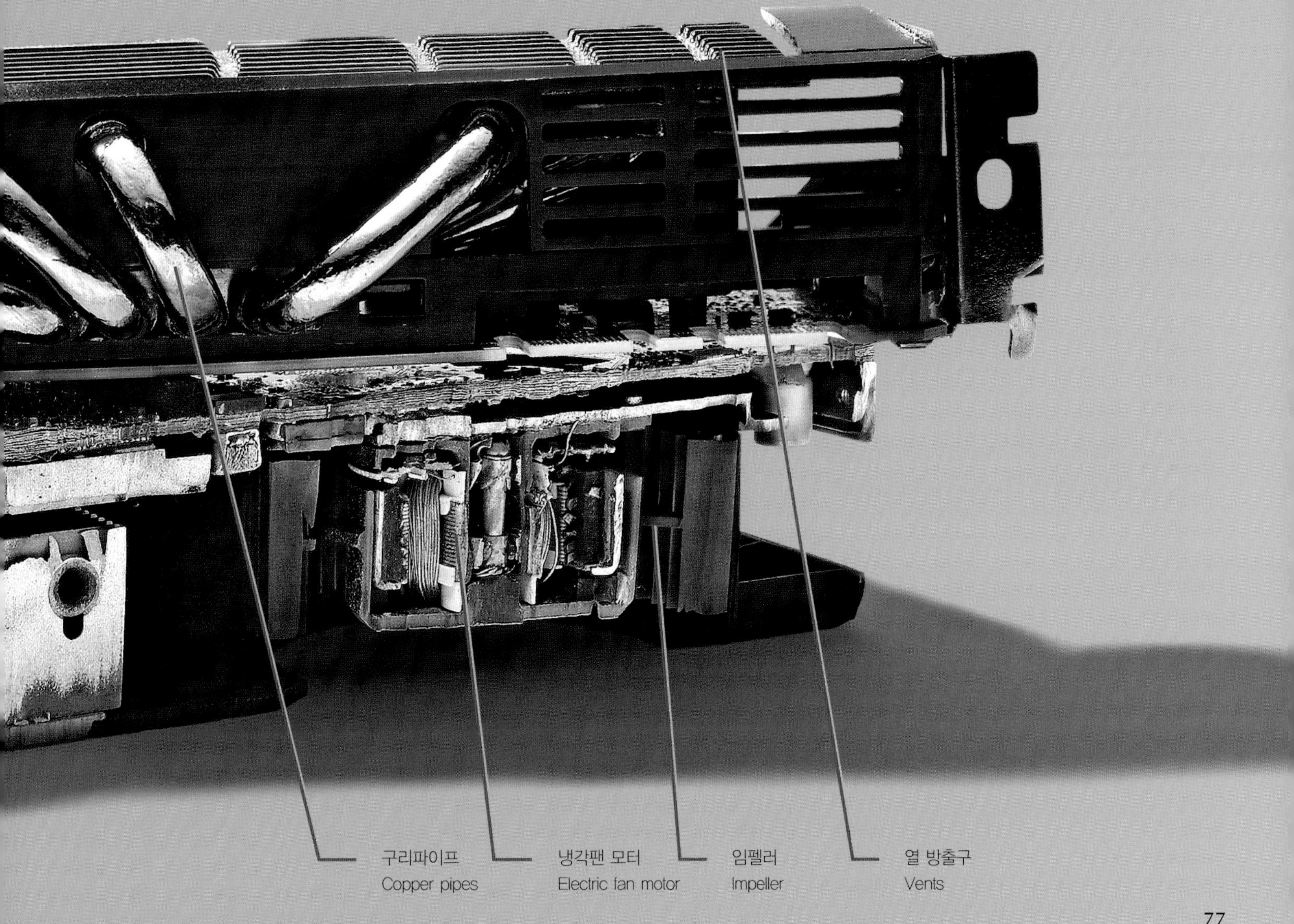

비디오 스트리밍 박스
Video Streaming Device

이 소형 박스는 랜선을 통해 인터넷에 접속하여 서비스 제공자가 보내는 디지털 미디어 데이터를 TV나 모니터에 스트리밍[1]해주는 장치이다. 이미지 데이터는 스트리밍 장치에서 HDMI(High Definition Multimedia Interface, 고화질 멀티미디어 인터페이스) 케이블을 통해 디스플레이에 전달된다.

CPU(Central processing unit, 중앙처리장치)는 중앙에 있고, 양쪽의 큰 알루미늄 방열판을 통해 작동 중 발생하는 안쪽의 열을 바깥으로 배출한다. CPU는 서비스 제공자와 디지털 신호를 주고받으며, 사용자의 주문(TV쇼나 영화)을 전달한다. 이후 CPU는 서비스 제공자로부터 데이터를 받아 출력형태로 전환하여 HDMI 출력단자로 신호를 보낸다.

1) 인터넷으로 전송된 디지털 음성이나 동영상 등을 실시간으로 재생하는 기술. 스트리밍은 전송되는 데이터를 마치 끊임없고 지속적인 물 흐름처럼 처리할 수 있는 기술을 의미한다.

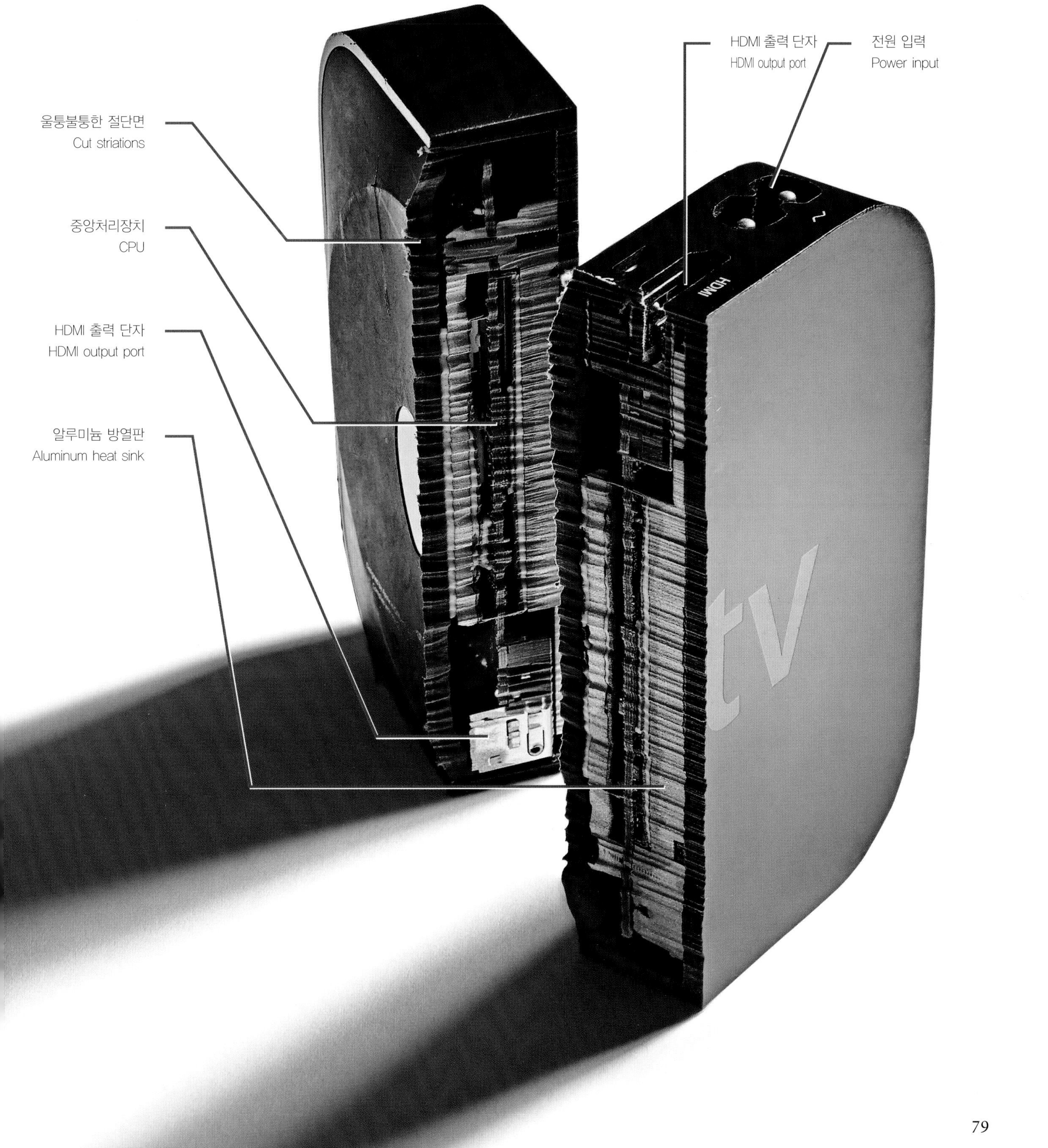
울퉁불퉁한 절단면
Cut striations
중앙처리장치
CPU
HDMI 출력 단자
HDMI output port
알루미늄 방열판
Aluminum heat sink
HDMI 출력 단자
HDMI output port
전원 입력
Power input
HDMI
tv

노트북
Laptop Computer

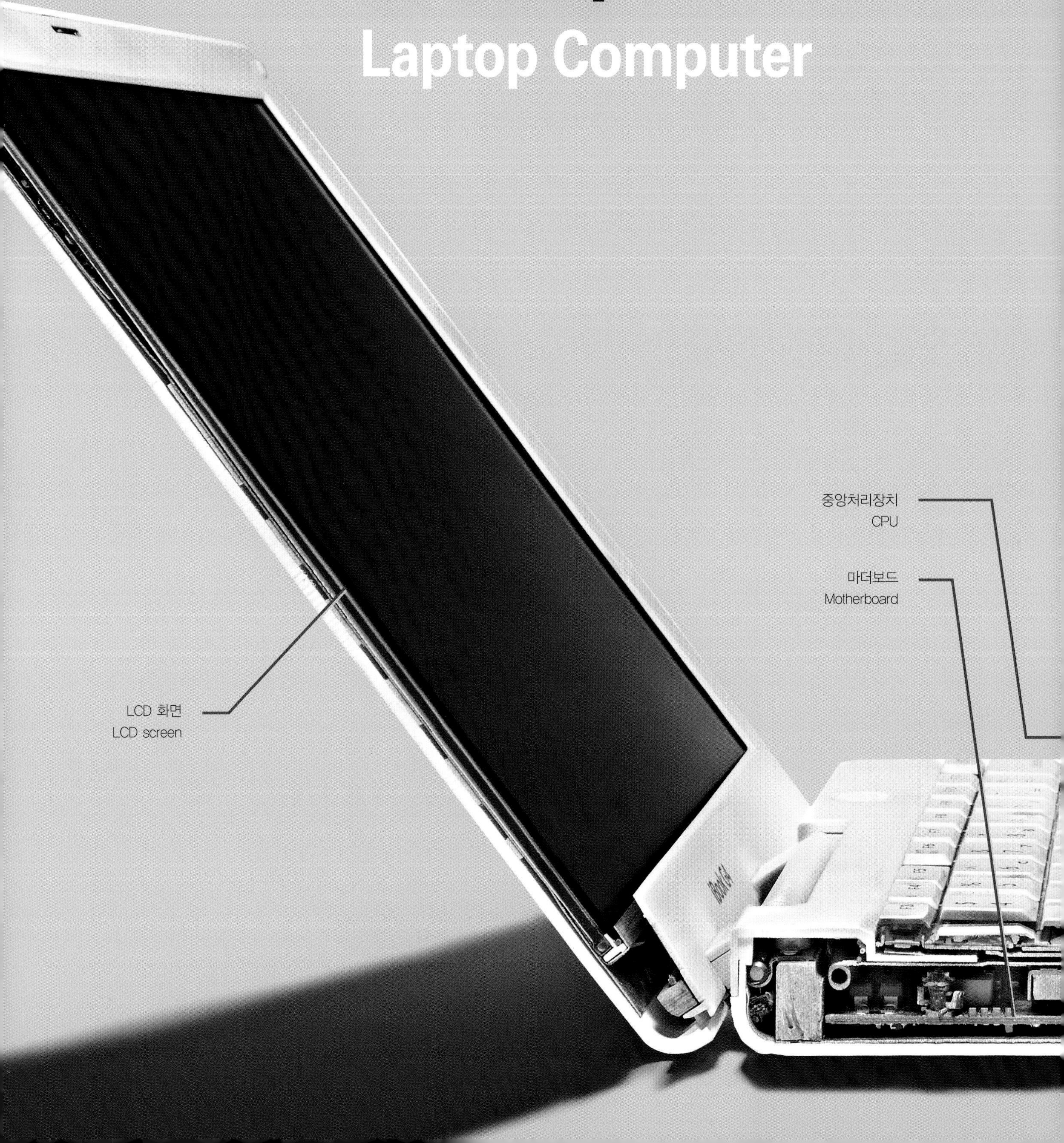

기술이 발전하면서 전자부품들은 작고, 얇고, 빨라졌다. 이 오래된 노트북은 15년 전의 컴퓨터 기술을 보여준다. 최신 노트북과 확연히 비교되는 것은 CPU를 위한 큰 방열판과 하드디스크(HDD)의 존재 여부다. 하드디스크는 회전판을 이용하여 정보를 저장하는데, 이 판은 높은 반사율의 자기를 띈 산화물로 코팅된 알루미늄으로 만들어진다. 자석으로 움직이는 헤드는 회전판 위를 지나며 정보를 읽고 쓸 수 있다. 최신 컴퓨터들은 SSD(Solid state drive, 반도체 메모리를 기반으로 하는 저장장치)를 이용하는데, 이는 움직이는 부품이 없어 훨씬 빠른 데이터 전송이 가능하다.

노트북 스크린은 각각 특정 기능을 수행하는 레이어(층)가 고밀도로 층층이 쌓여 있다. 스크린 가장 뒤편부터 시작해서 백라이트(배면광)가 흰색으로 화면을 밝히고, 이후 몇 개의 확산 레이어를 지나면서 스크린에 고르게 빛이 분산된다. 다음 섹션은 격자 형태로 빨간색과 녹색 및 파란색의 미세한 픽셀을 만드는 LCD 행렬이다. 이렇게 작은 픽셀 수백만 개가 모여 우리가 화면에서 보는 이미지를 만든다. 마지막 레이어 층은 편광판과 반사차단 코팅이다.

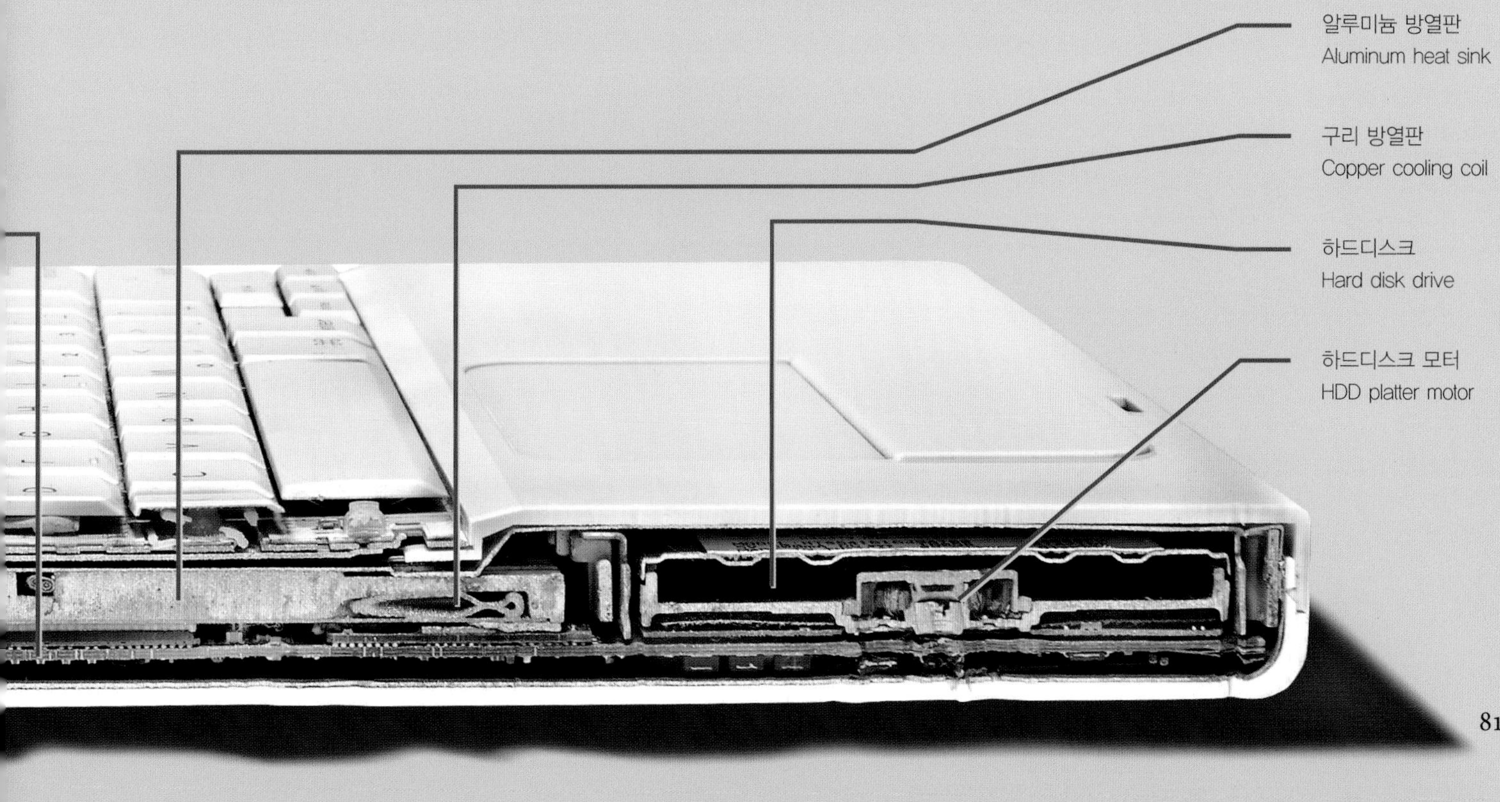

스피커 Powered Speakers

이 스피커들은 전기를 이용하여 음성신호를 증폭하므로 일반 스피커보다 더 크게 음성신호를 출력할 수 있다. 전기는 스피커 뒤쪽 변압기로 들어오는데, 이 변압기는 콘센트에서 입력된 전압을 스피커 내부의 회로가 과부하 없이 처리할 수 있도록 낮은 전압으로 변환시킨다. 변압기는 쇠막대에 두 개의 선이 서로 닿지 않도록 꼬아 만든다.

이 스피커의 전기회로는 스피커 통(박스) 뒤쪽의 이퀄라이저에 연결되어 있다. 이퀄라이저를 조정하여 베이스를 키우거나 중음역대를 키우는 등 출력효과를 마음대로 바꿀 수 있다. 각 스피커 통에는 두 개의 스피커가 들어있는데, 큰 스피커는 저음역대를, 작은 스피커는 고음역대를 출력한다.

통 뒤쪽에 삽입된 베이스 구멍은 스피커 뒤쪽의 소리를 사용하여 큰 스피커에서 발생하는 저음역대의 효율성을 높일 수 있다. 베이스 구멍의 위치와 튜브의 지름, 길이 등은 스피커의 크기, 통의 부피 등을 고려해서 제작자들이 연구하여 디자인한다.

스피커 통은 두꺼운 MDF(Medium-density fiberboard, 중질섬유판)목재로 만들어져 통 안쪽의 소리가 바깥으로 새어나가지 않게 하여 더 풍부한 소리를 내준다. 폼 재질의 충전재도 같은 역할을 한다.

베이스 구멍
Bass exhaust port
MDF목재
MDF wood
회로판
Circuit board
작은 스피커
Small speaker
큰 스피커
Large speaker
변압기
Step down transformer
폼 재질 충전재
Foam insulation

무선 헤드폰
Wireless Headphones

이 블루투스 헤드폰은 안쪽에 배터리가 있어 선 없이 음악을 들을 수 있다. 또 제품 옆에 달린 버튼으로 소리를 제어하고 음악을 바꿀 수 있다. 작은 컨트롤보드는 블루투스를 통해 본체에 신호를 보내 재생 중인 음악을 일시중지하거나 재생할 음악을 바꿀 수 있다.

귀에 걸치는 방식의 헤드폰은 폼 재질의 패딩이 있어 착용감이 좋고, 스피커가 귀에 직접 닿지 않게 해준다. 양쪽의 작은 스피커는 배터리 전력을 이용해 소리신호를 증폭하여 내보낸다.

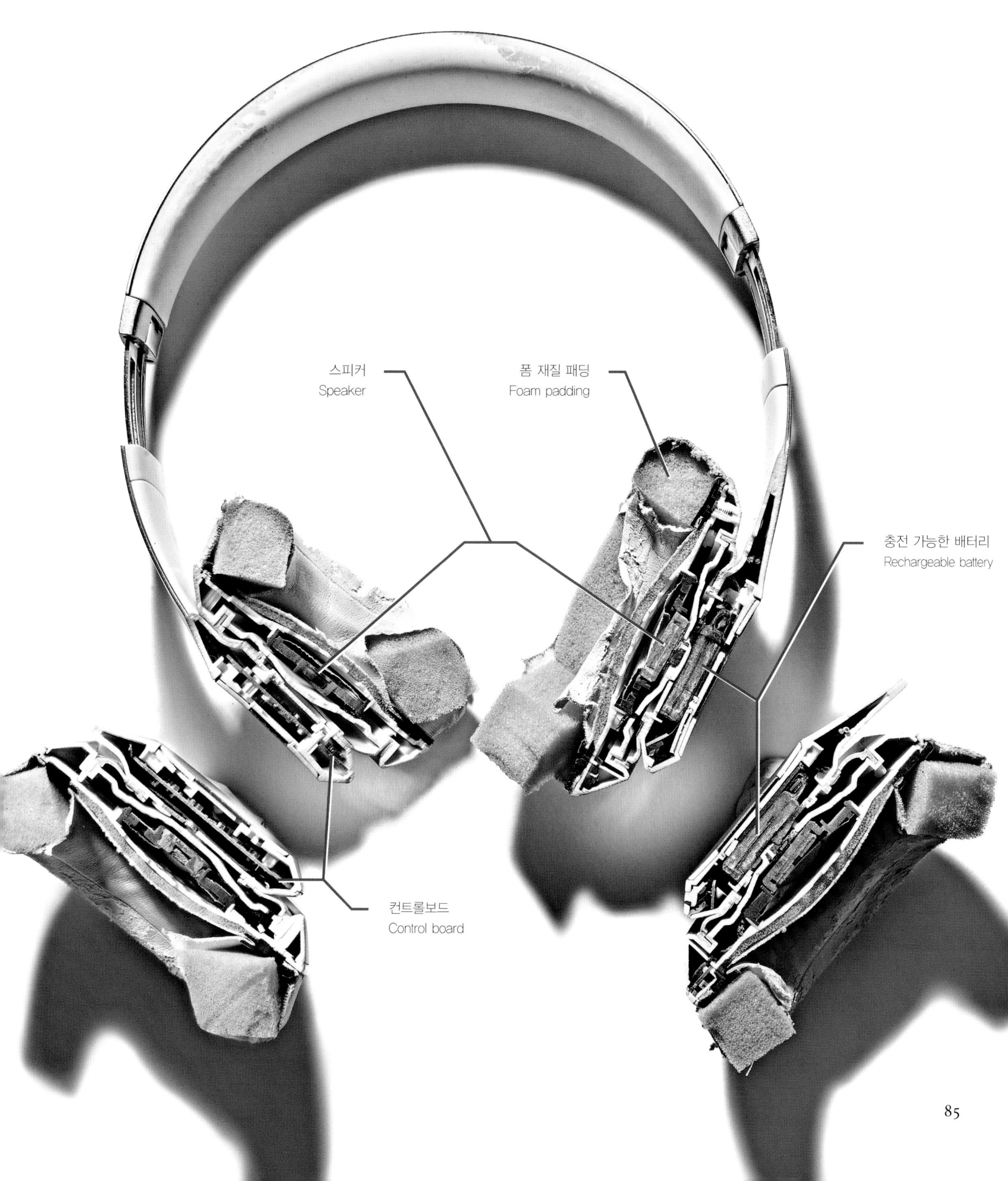
스피커
Speaker
폼 재질 패딩
Foam padding
충전 가능한 배터리
Rechargeable battery
컨트롤보드
Control board

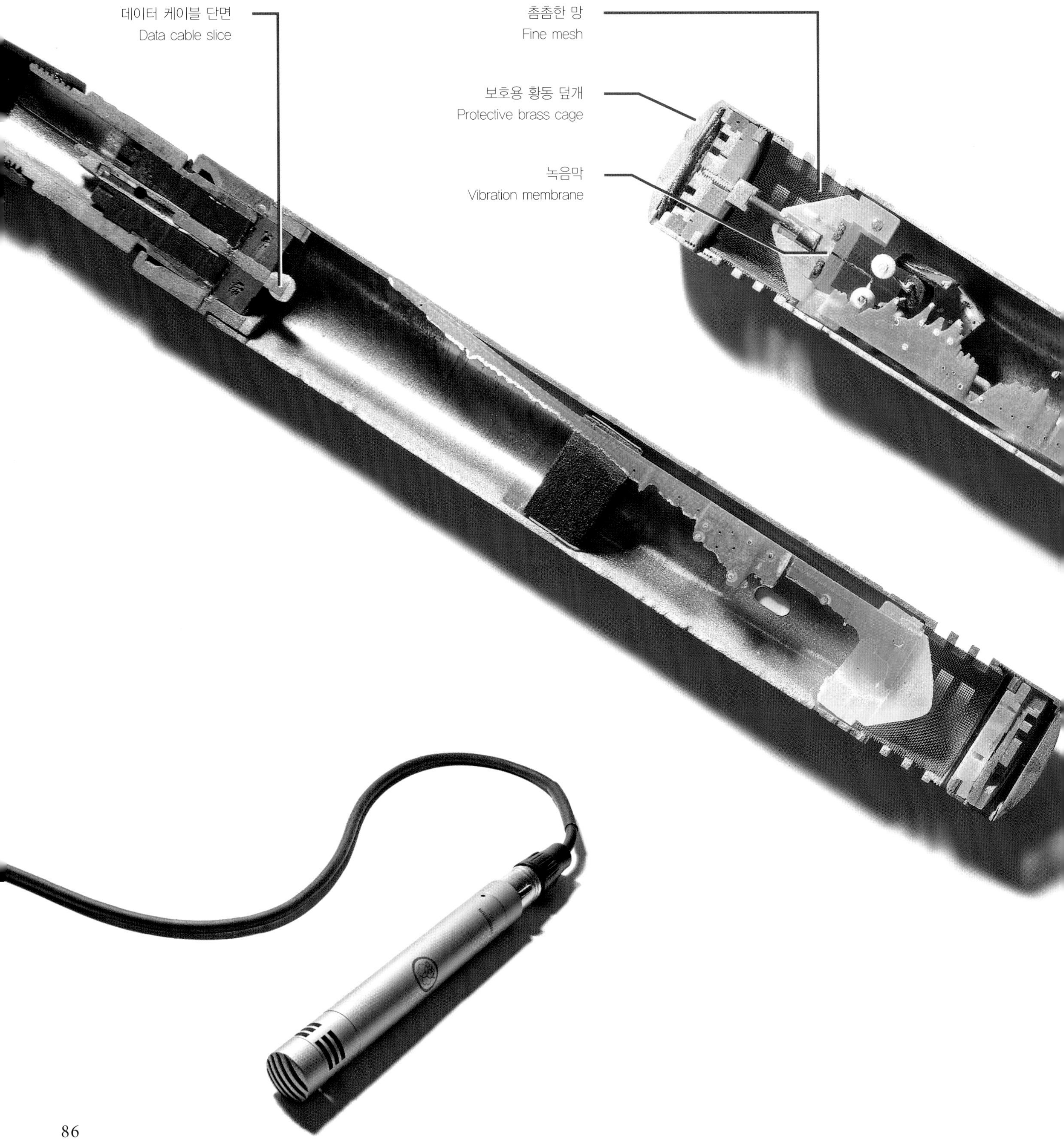
데이터 케이블 단면
Data cable slice
촘촘한 망
Fine mesh
보호용 황동 덮개
Protective brass cage
녹음막
Vibration membrane

핀마이크 Studio Microphone

마이크는 얇고 민감한 녹음막을 이용해 음파를 탐지하고, 그 진동을 소리신호로 변환하여 증폭기로 전달한다.

이 모델은 촘촘한 망이 녹음막을 둘러싸고 있다. 이 망은 빠르게 움직이는 공기로부터 발생하는 날카로운 소리(예를 들어 영어 p를 발음할 때 나는 터지는 소리)를 줄이거나 차단한다. 이 망은 황동 마개로 덮여 있다. 안쪽의 회로판은 막에서 발생한 아날로그 신호를 디지털 신호로 변환한다. 이 디지털 신호는 마이크 아래쪽 오디오 케이블을 통해 전달된다.

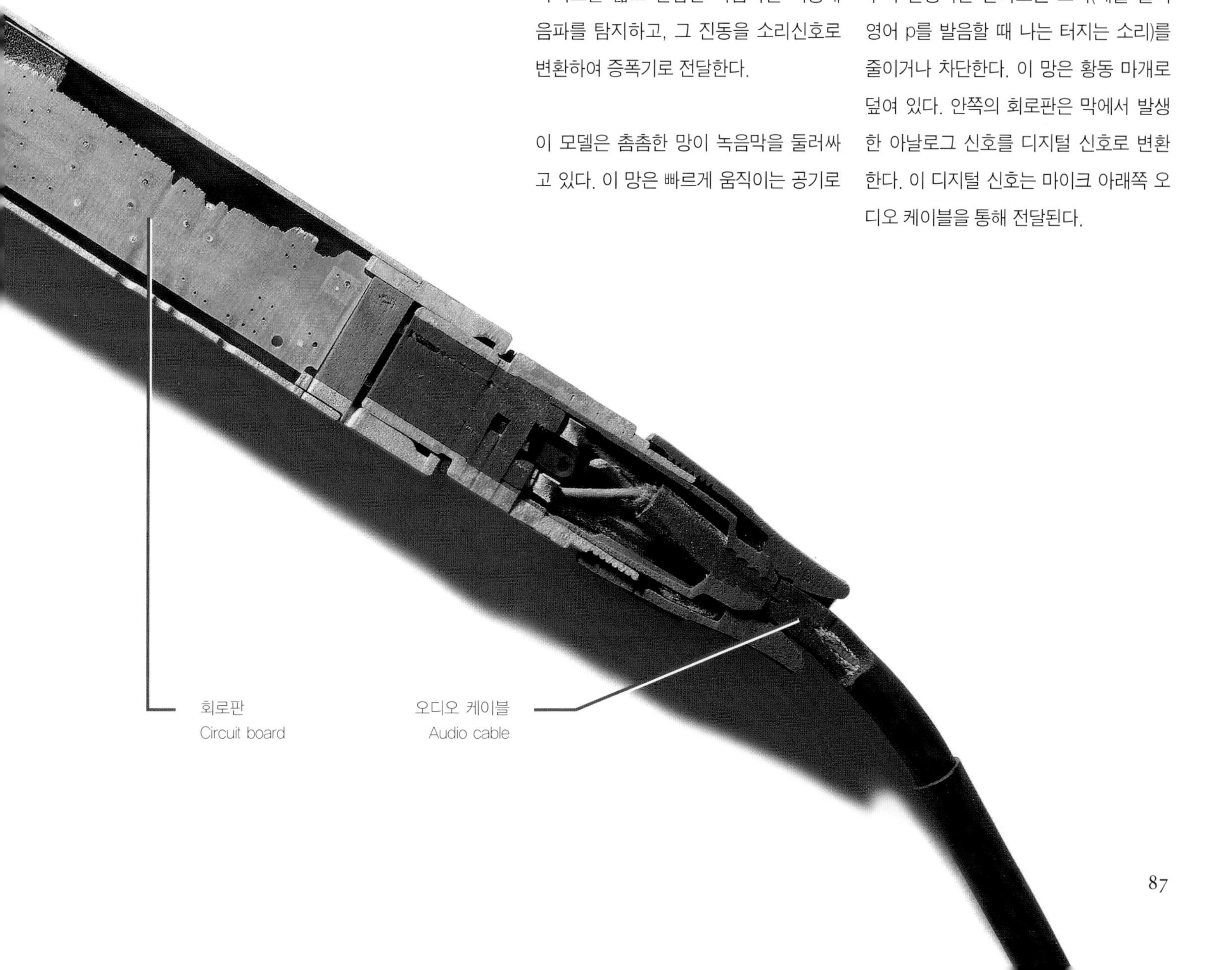

기타 페달은 기타에서 출력되는 소리를 통과시키면서 왜곡(distortion)이나 에코(reverb) 또는 다양한 효과를 적용하여 재출력한다. 페달을 바닥에 두고 발로 밟아서 켜고 끌 수 있다.

이 페달은 상단에 있는 볼륨 조절 버튼을 사용하여 효과를 조절할 수 있다. 전원은 배터리나 전원코드를 통해 공급받는다.

제품 안쪽에 철제 무게추가 있고, 바닥은 고무재질로 되어 있어 정신없는 공연 중에도 미끄러지지 않는다.

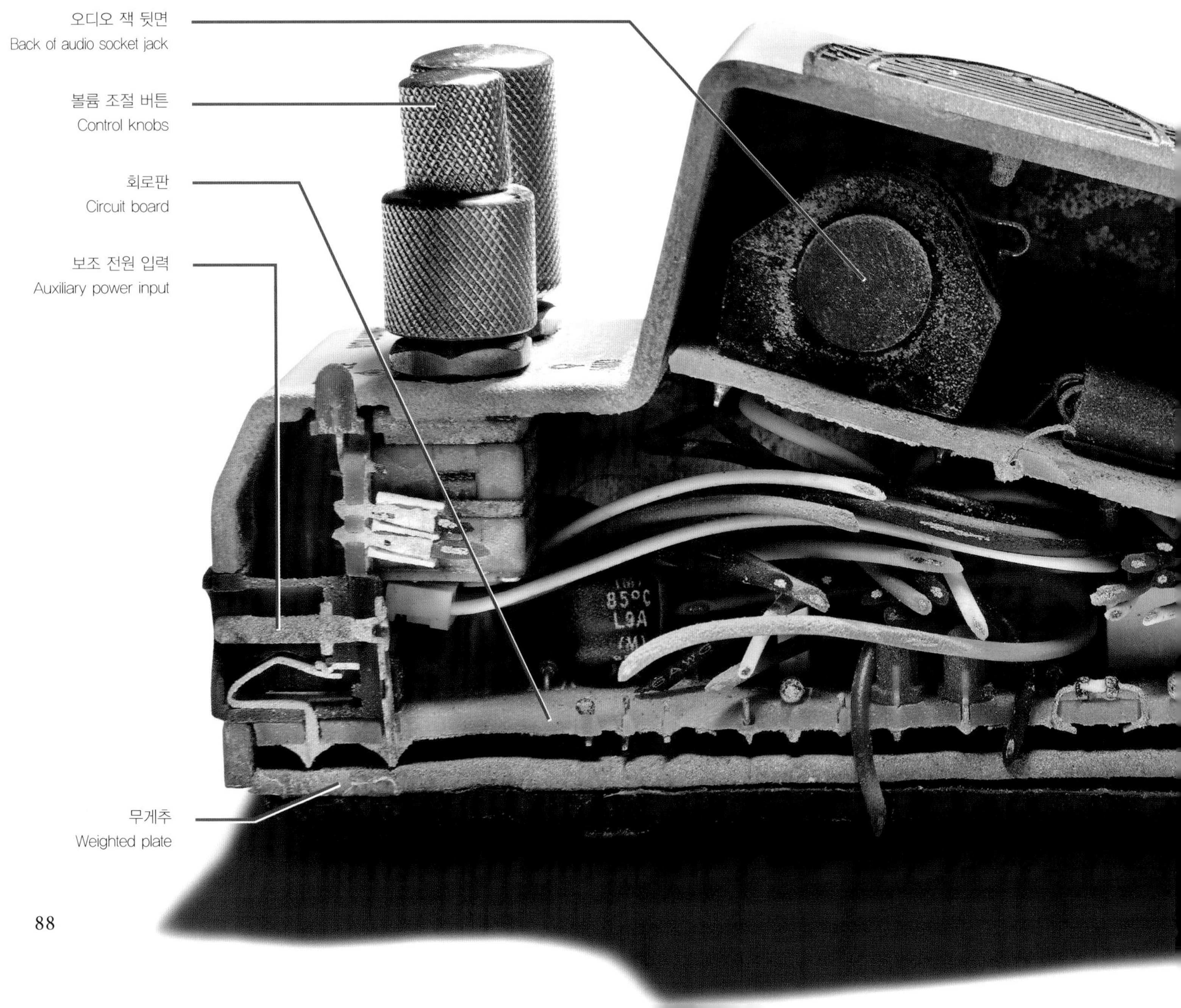

기타 페달 Guitar Effects Pedal

페달 버튼
Foot button

배터리함
Battery compartment

고무 재질 바닥
Rubberized bottom

휴대용 카세트 플레이어

Boom Box

카세트 라디오의 고급버전인 붐 박스(대형 휴대용 카세트 플레이어)는 카세트테이프의 신호를 증폭시켜 제품 양쪽의 스피커로 출력한다. 카세트테이프를 데크에 넣고 뚜껑을 닫으면 모터가 톱니바퀴에 물린다. 재생버튼을 누르면 카세트가 돌아가고 자기 헤드가 올라와 지나가는 테이프에 밀착되어 저장된 정보를 소리로 변환시킨다. 빨리 감기 또는 되감기 버튼을 누르면 헤드가 테이프에서 떨어지면서 모터가 톱니바퀴를 빠른 속도로 회전시켜 테이프를 앞쪽이나 뒤쪽으로 빨리 이동시킨다.

제품에 달린 이퀄라이저로 나오는 소리를 취향에 맞게 조절할 수 있고, 볼륨 손잡이로 소리의 크기를 조절할 수 있다. 두 개의 세라믹 재질의 스피커는 전기변압기를 이용해 소리를 증폭해서 출력한다.

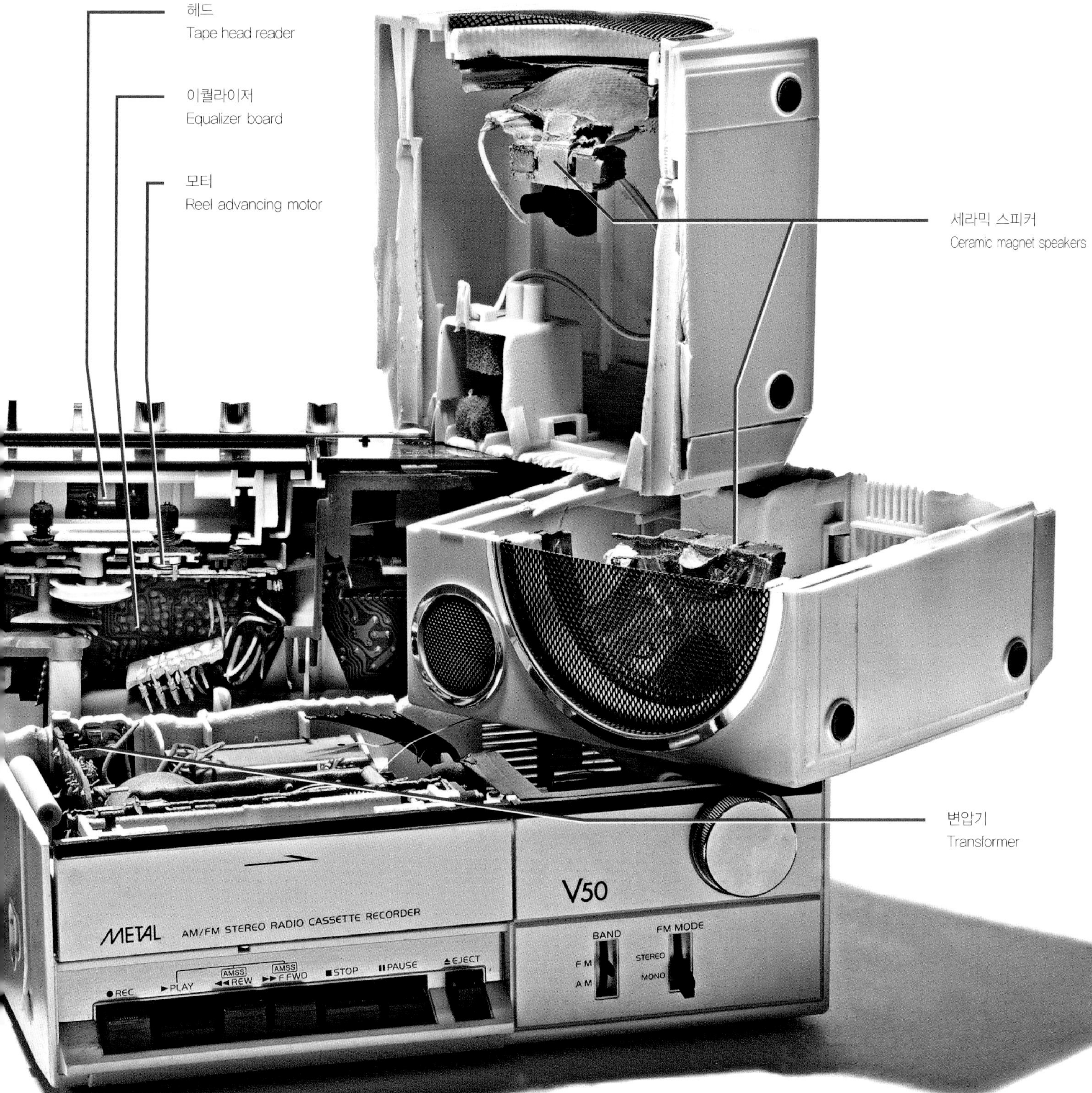
헤드
Tape head reader
이퀄라이저
Equalizer board
모터
Reel advancing motor
세라믹 스피커
Ceramic magnet speakers
변압기
Transformer
V50
METAL
AM/FM STEREO RADIO CASSETTE RECORDER
BAND
FM MODE
FM
AM
STEREO
MONO
●REC
►PLAY
AMSS
◄◄REW
AMSS
►►F.FWD
■STOP
IIPAUSE
▲EJECT

장난감과 게임기

TOYS AND GAMES

비디오 게임기
Video Game Console

다른 컴퓨터 장치와 마찬가지로 비디오 게임기도 CPU(중앙처리장치)가 두뇌 역할을 한다. CPU는 메모리 할당에서 입출력에 이르기까지 비디오 게임기의 모든 연산을 처리한다. 이 작업에는 많은 전력이 필요하고, 결과적으로 CPU가 가열된다. 과열을 방지하기 위해 큰 알루미늄 방열판이 CPU 위에 달려있다. 방열판은 지느러미처럼 생겨서 내부의 열을 효율적으로 분산시키고, 이를 냉각팬이 식혀준다. 방열판 왼쪽에 있는 케이블은 게임기에 전원 및 데이터를 공급한다. 게임을 플레이하기 위해서 게임CD를 넣으면 레이저가 이 CD정보를 읽어 게임이 시작된다.

게임 컨트롤러에 있는 버튼과 조이스틱으로 게임을 조정하며 즐긴다. 컨트롤러의 버튼과 회로판 사이에 막대가 설치되어 있는 것을 볼 수 있다. 회로판에 버튼이 바로 부착되어 있는 것보다 간격이 있는 것이 강한 충격을 막고 조작이 편하기 때문이다.

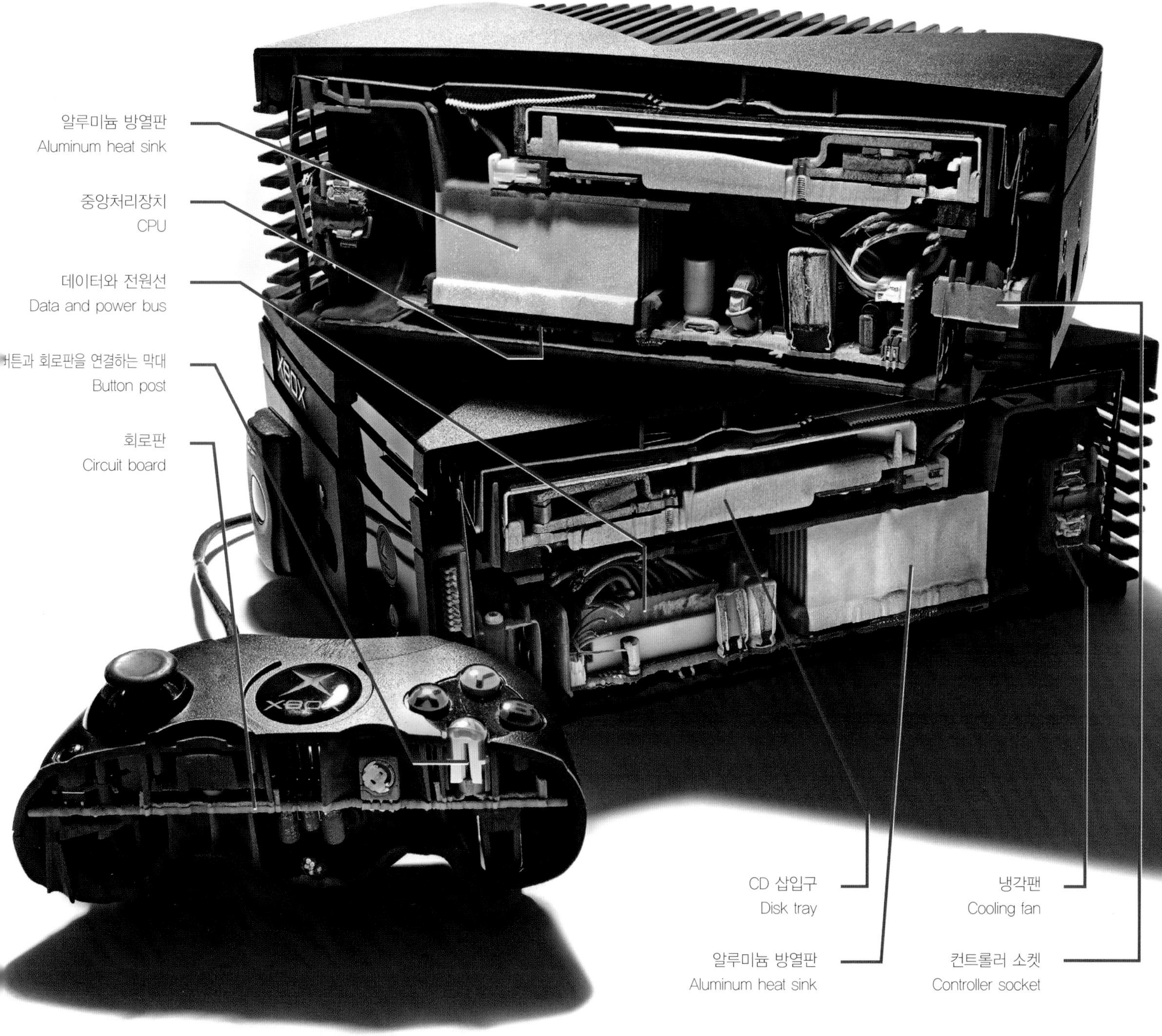

알루미늄 방열판
Aluminum heat sink
중앙처리장치
CPU
데이터와 전원선
Data and power bus
튼과 회로판을 연결하는 막대
Button post
회로판
Circuit board
XBOX
CD 삽입구
Disk tray
냉각팬
Cooling fan
알루미늄 방열판
Aluminum heat sink
컨트롤러 소켓
Controller socket

조이스틱

Gaming Joystick

조이스틱은 아날로그 움직임을 디지털 신호로 변환하여 컴퓨터가 물체나 게임 캐릭터를 움직이도록 신호한다. 조이스틱 내부의 기본 기술은 처음 출시 때와 거의 비슷하다. 최신의 조이스틱은 더 다양한 조작키, 조명, 진동 등의 기능을 제공하지만, 이전 제품과 주요 기능과 기술은 동일하다.

조이스틱 안쪽에는 가변저항이 설치되어 있어서 조이스틱이 움직인 방향과 크기를 감지하고 측정하여 그 정보를 회로판으로 전달한다. 또한 핸들과 지지대 부분에 버튼이 있어 게임별로 특수한 조작을 할 수 있다. 지지대 바닥은 무거운 철판이어서 조작할 때 무게감과 균형감을 준다.

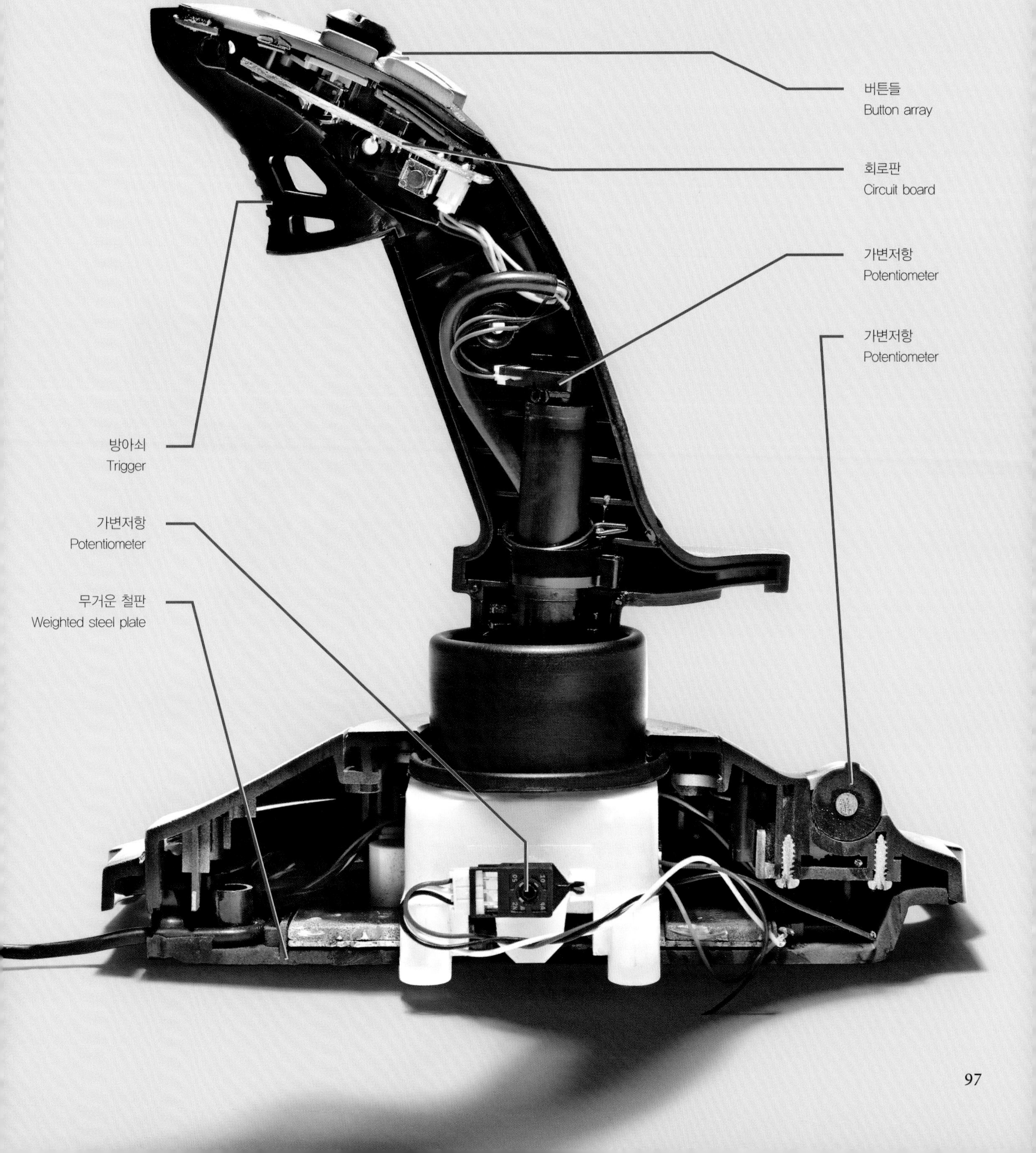
버튼들
Button array
회로판
Circuit board
가변저항
Potentiometer
가변저항
Potentiometer
방아쇠
Trigger
가변저항
Potentiometer
무거운 철판
Weighted steel plate

털복숭이 인형

Furry Animatronic Toy

귀엽게 춤추고 반응하는 이 털복숭이 인형은 디지털 기술과 아날로그 메커니즘을 이용해서 테디베어를 현대 버전으로 세련되게 개량하였다.

인형 속에 있는 회로판이 모든 움직임과 행동을 제어한다. 보조 모터가 인형의 부리와 눈꺼풀 및 귀의 움직임을 조종하고, 털 안에 내장된 압력센서는 사용자가 만지는 것을 감지한다. 눈에는 작은 LCD가 달려 있어 눈동자의 움직임을 표시한다. 이 인형은 블루투스로 연결되어 있지만 장식으로 머리 위쪽에 안테나를 달아놓았다. 이 안테나를 누르면 웃거나 춤추는 등 다양한 반응을 보여준다.

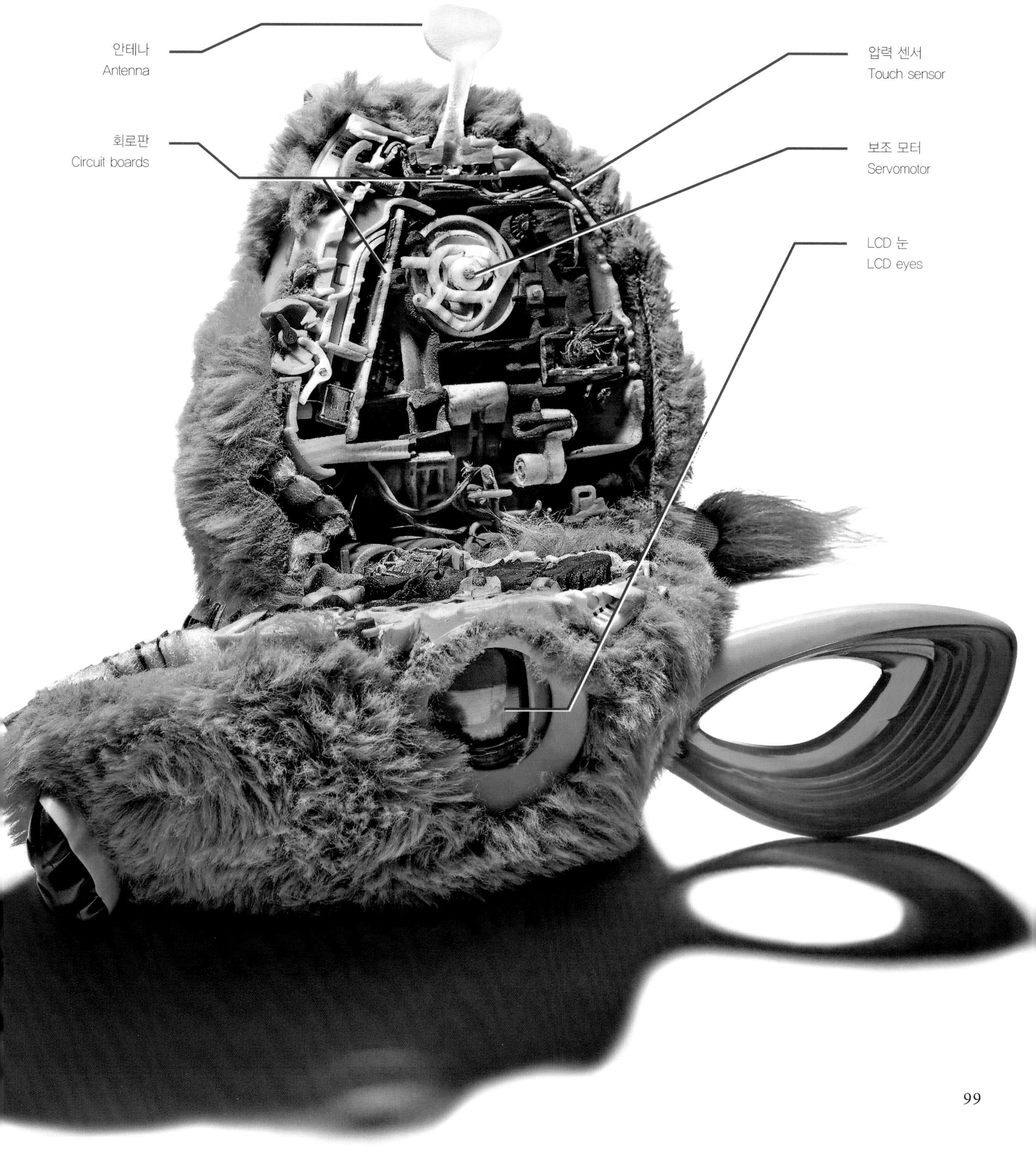
안테나
Antenna
회로판
Circuit boards
압력 센서
Touch sensor
보조 모터
Servomotor
LCD 눈
LCD eyes

노래하는 물고기
Novelty Singing Fish

이 노래하는 물고기는 몇 년 전에 큰 히트를 쳤다. 버튼을 누르거나 사람이 가까이 오면 저절로 움직이며 노래를 한다.

이 장난감 안쪽에는 몸통을 앞뒤로 팔딱거리거나 음악에 맞추어 꼬리와 입을 뻐금거리게 하는 몇 개의 모터가 설치되어 있다. 몸체는 실리콘 재질로 마치 살아있는 물고기 형상이며 모터가 들어 있는 몸속은 폼 재질 패딩으로 채워져 있다. 버튼을 누르면 모터가 작동하여 마치 도마 위의 물고기처럼 움직이는데, 도마 안쪽에 숨겨진 회로판에서 동작을 제어한다.

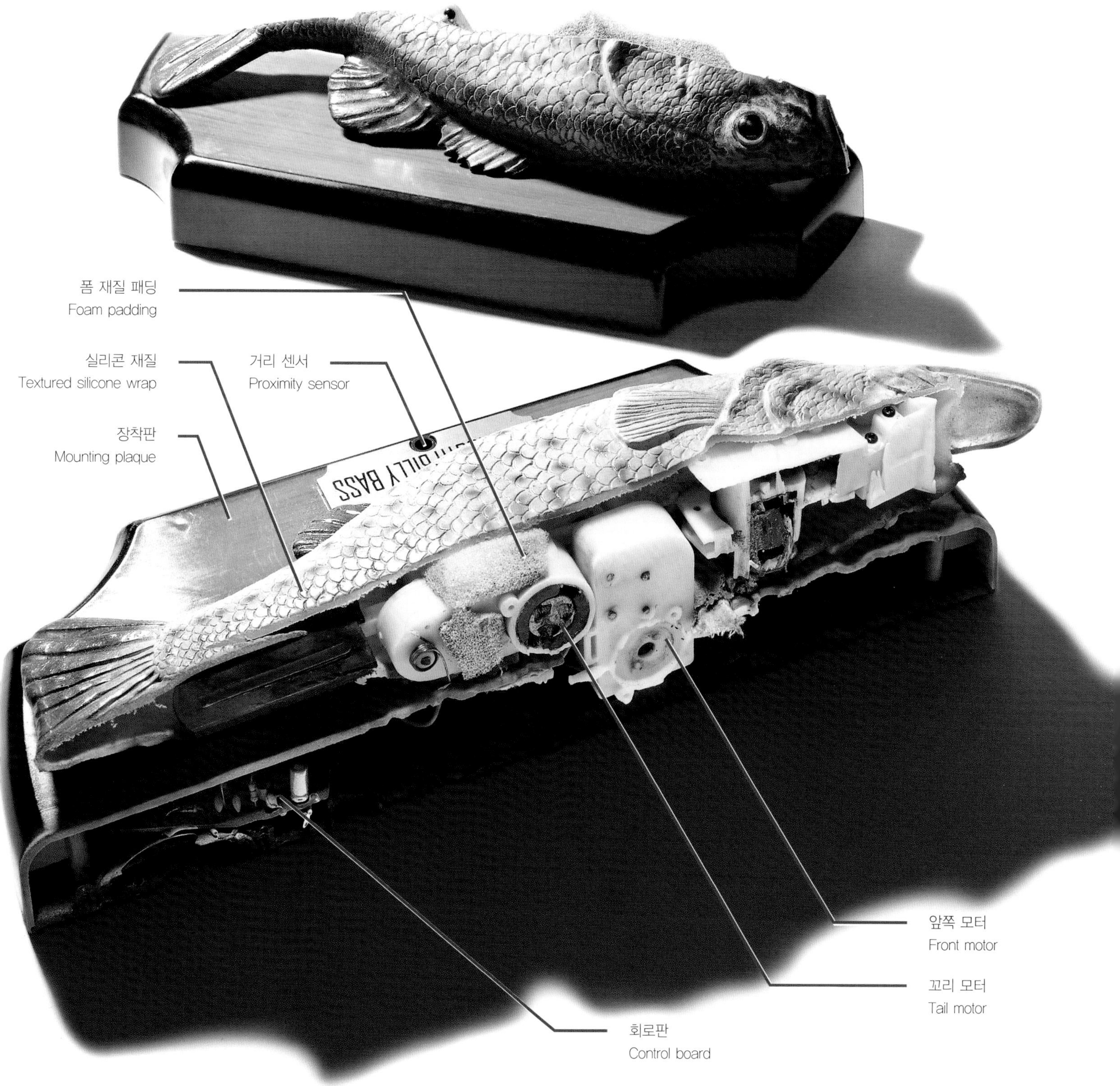
폼 재질 패딩
Foam padding
실리콘 재질
Textured silicone wrap
거리 센서
Proximity sensor
장착판
Mounting plaque
앞쪽 모터
Front motor
꼬리 모터
Tail motor
회로판
Control board

장난감 다트 총

Foam Dart Gun

이 장난감 다트총은 스프링으로 압축한 공기를 이용해 다트를 발사한다. 이 모델은 기관총 모양을 하고 있는데, 여러 개의 총열을 원통으로 묶어 여러 발의 다트를 연속적으로 발사할 수 있다.

다트들을 각각의 총열에 미리 장전하고 위쪽의 상부 리시버로 스프링을 뒤로 당기면 발사 준비가 끝나는 동시에 기관부를 다음 총열로 이동시킨다. 방아쇠를 당기면 스프링이 풀리며 고압의 공기가 다트를 총열 바깥으로 밀어낸다. 이때 위쪽의 스프링이 자동으로 뒤로 당겨지는데, 총열에 다트가 모두 떨어질 때까지 반복하여 쓸 수 있다.

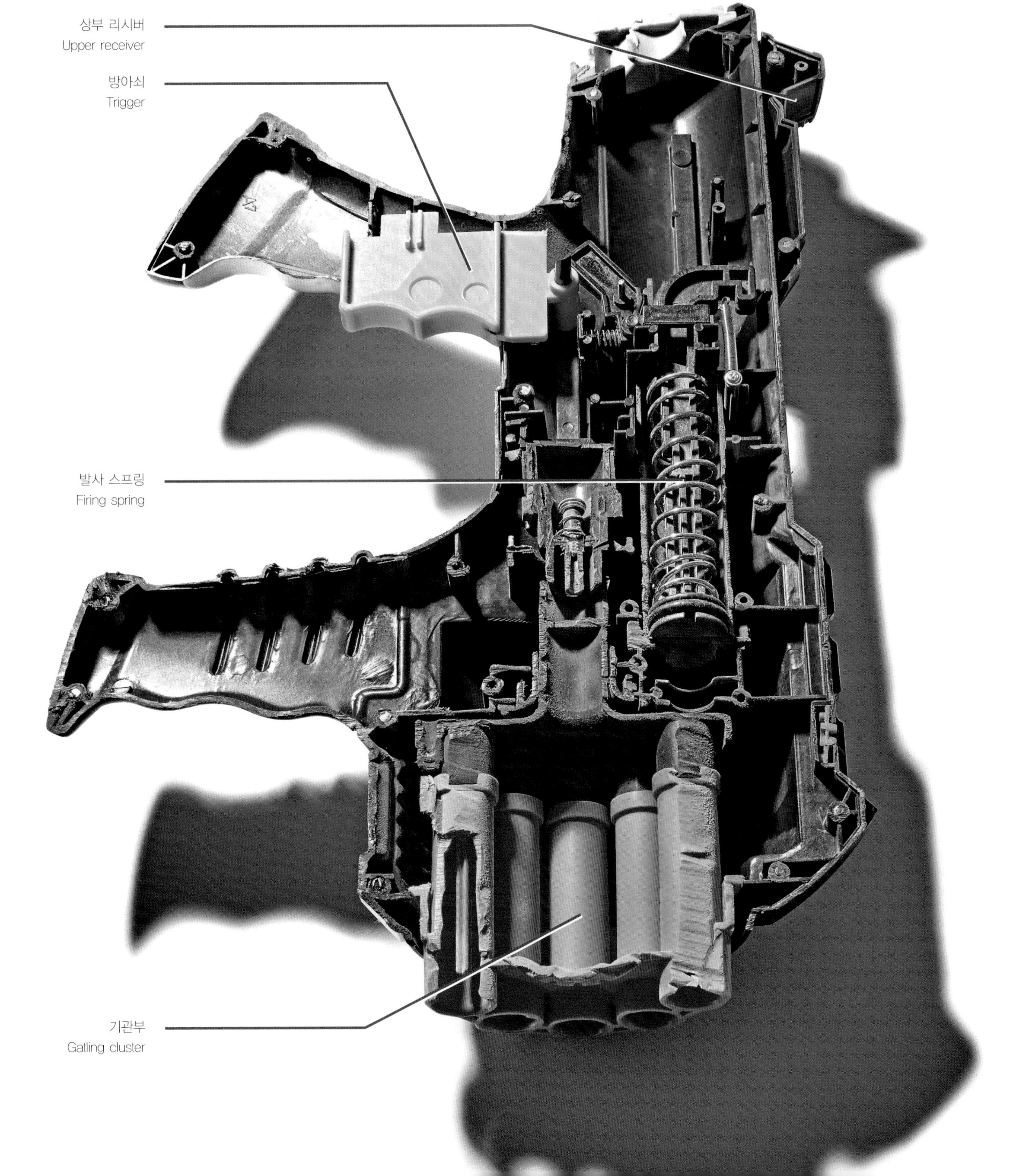
상부 리시버
Upper receiver
방아쇠
Trigger
발사 스프링
Firing spring
기관부
Gatling cluster

기타 게임 컨트롤러
Guitar Game Controller

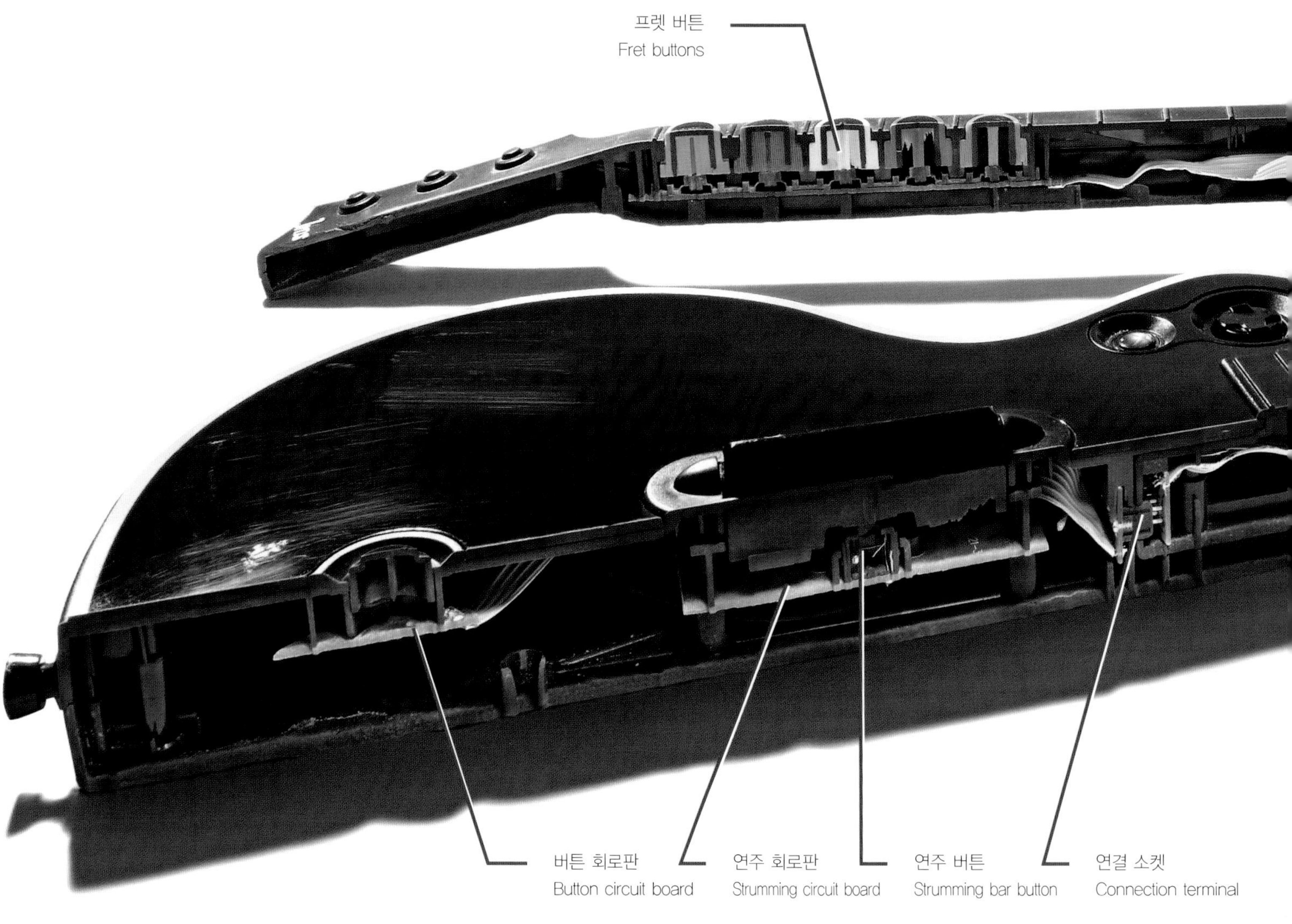

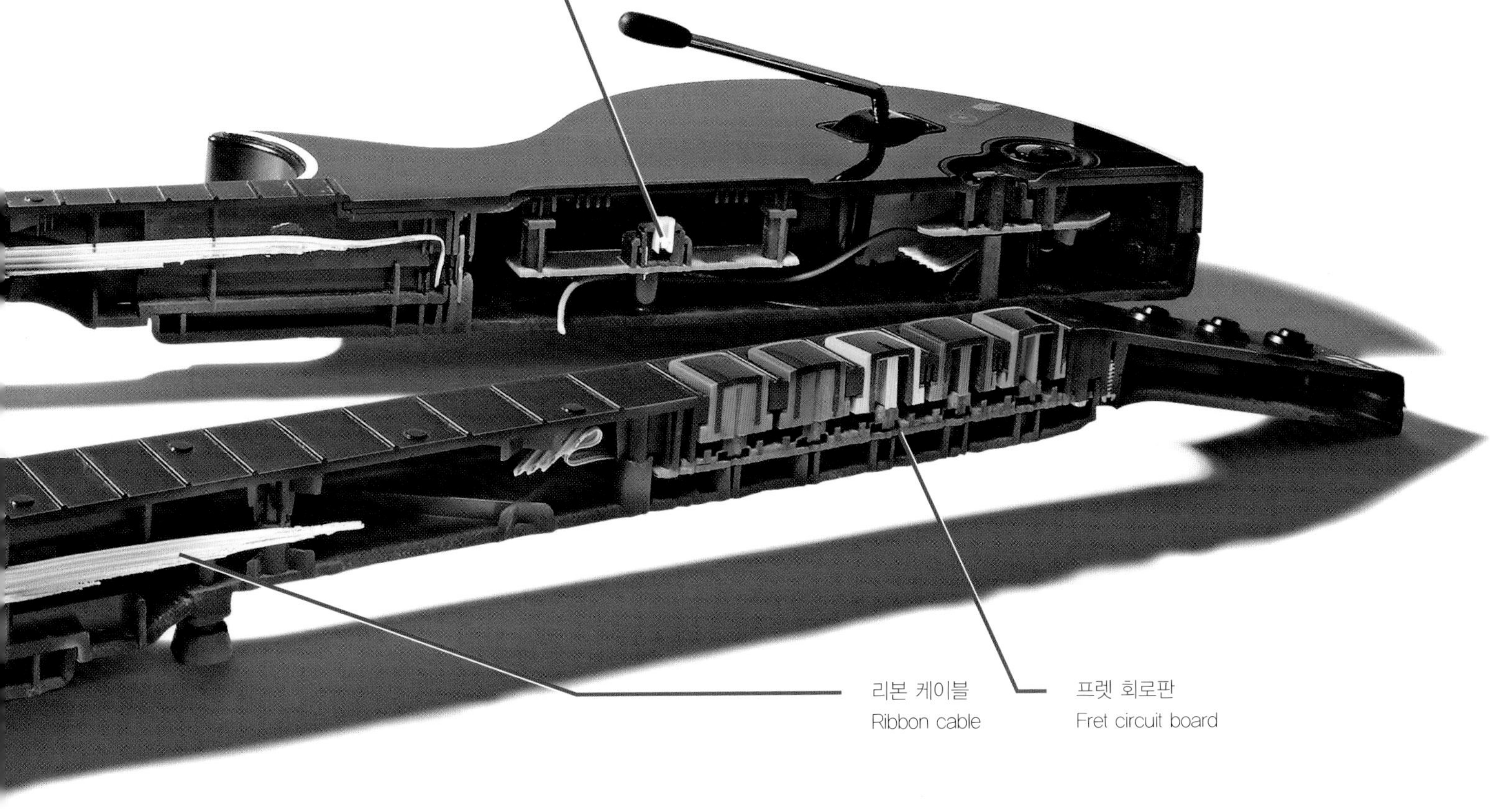

실제 사이즈의 이 기타는 비디오 게임용 컨트롤러이다. 기타에 달린 버튼들은 기타 몸통 속에 있는 회로판에 리본 케이블로 연결되어 있고, 각각의 게임에 맞게 제어를 해준다. 기타 목 부분에 있는 다섯 개의 컬러버튼에 손가락을 올려서 마치 실제 기타 프렛에 손가락을 올린 것처럼 연주할 수 있고, 또 몸통에 있는 위아래로 움직이는 버튼을 이용해 기타 연주를 흉내 낼 수 있다.

이 기타 목 부분과 몸통은 분리하여 보관할 수 있도록 설계되었는데, 목과 몸통이 만나는 부분에는 소켓이 있어 빼었다 꼽을 수 있다.

휴대용 게임기

Handheld Electronic Game

대부분의 휴대용 게임기들은 왜 가격이 저렴할까? 그 이유는 이 게임기들 안쪽을 들여다보면 몇 가지 안 되는 정형화된 부품들이 사용됐기 때문이다. 휴대용 게임기는 수십 년 전에 만들어졌고, 그동안 많은 발전도 있었다. 사진에서 보는 이 교육용 게임기도 이런 사실들을 보여주는 좋은 예이다.

이 게임기의 안쪽은 많은 부분을 배터리가 차지하고, 외부는 스크린과 간단한 조작버튼이 차지한다. 장치의 두뇌인 CPU는 회로판에 직접 붙어 있는데, 회로판은 간소하고 상대적으로 작은 부품들이 오밀조밀하게 모여 있다. (사진에는 몇 개의 저항이 회로판에 붙어 있는 것을 볼 수 있는데, 그중 하나는 반으로 잘려 있다.)

이 장치는 스크린 아래 엷은 층이 있는 정전기 방식의 터치스크린을 사용하는데, 스타일러스펜을 이용하여 입력을 할 수 있다.

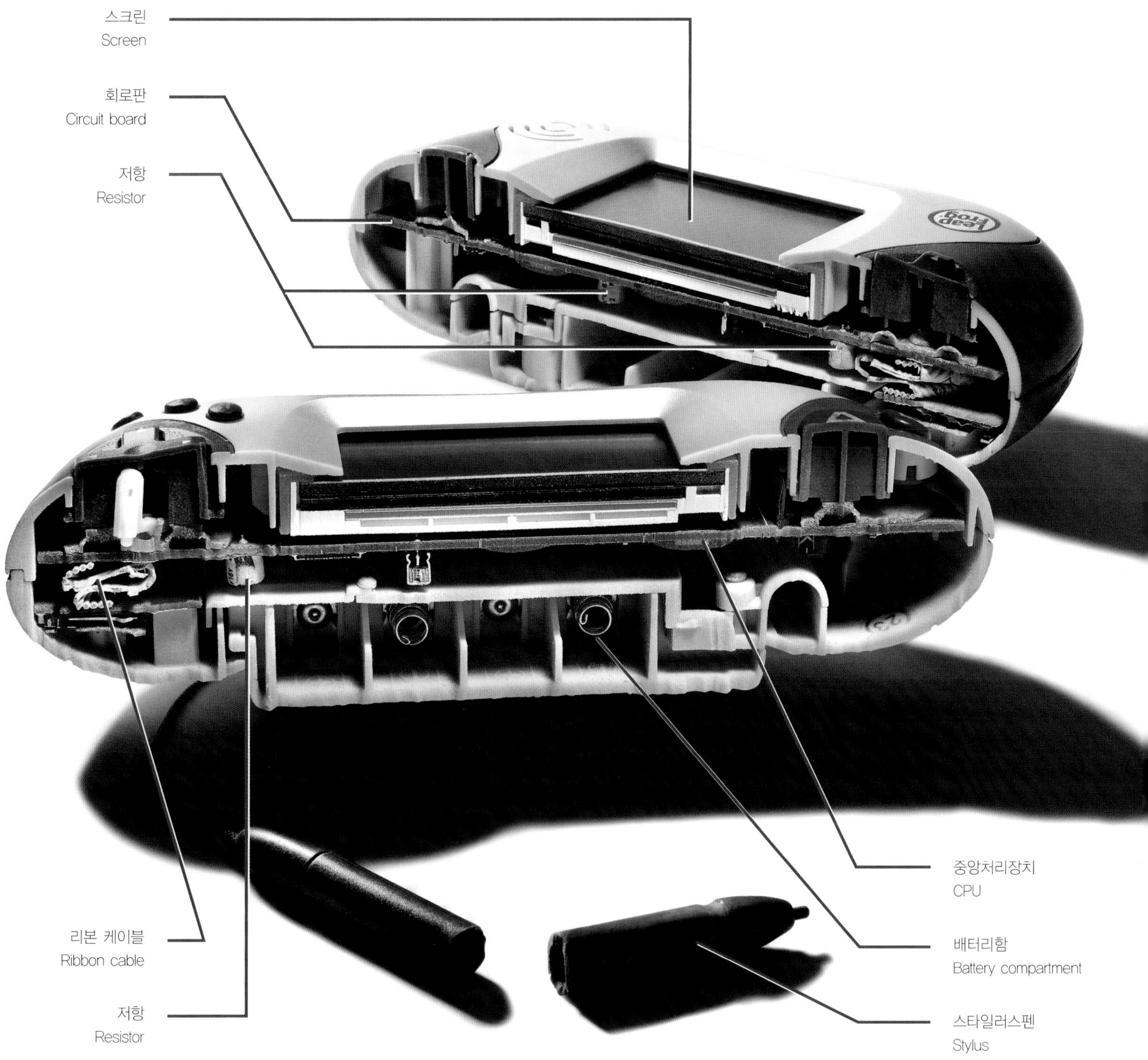
스크린
Screen
회로판
Circuit board
저항
Resistor
리본 케이블
Ribbon cable
저항
Resistor
중앙처리장치
CPU
배터리함
Battery compartment
스타일러스펜
Stylus

러시아인형 Nesting Dolls

러시아 전통 중첩인형(matryoshka, 마트료시카)은 주로 부드럽고 연한 목재로 만든다. 사진의 마트료시카는 소나무로 만들었다. 뚜껑처럼 인형을 열수록 점점 작아지는 인형이 나오는데 인형에 손으로 하나하나 멋진 그림을 그려 넣는다. 대부분 러시아 전통 복장을 하고 있다.

이 책에 소개된 다른 제품들에 비해 매우 간단한 물건이지만, 손으로 정교하게 만들어 중심이 같으면서 점점 작아지는 구조(동심원)가 흥미롭다. 상단과 하단 사이의 연결부가 특히 흥미롭다. 두 부분을 맞추면 무척 정교하게 딱 들어맞는다.

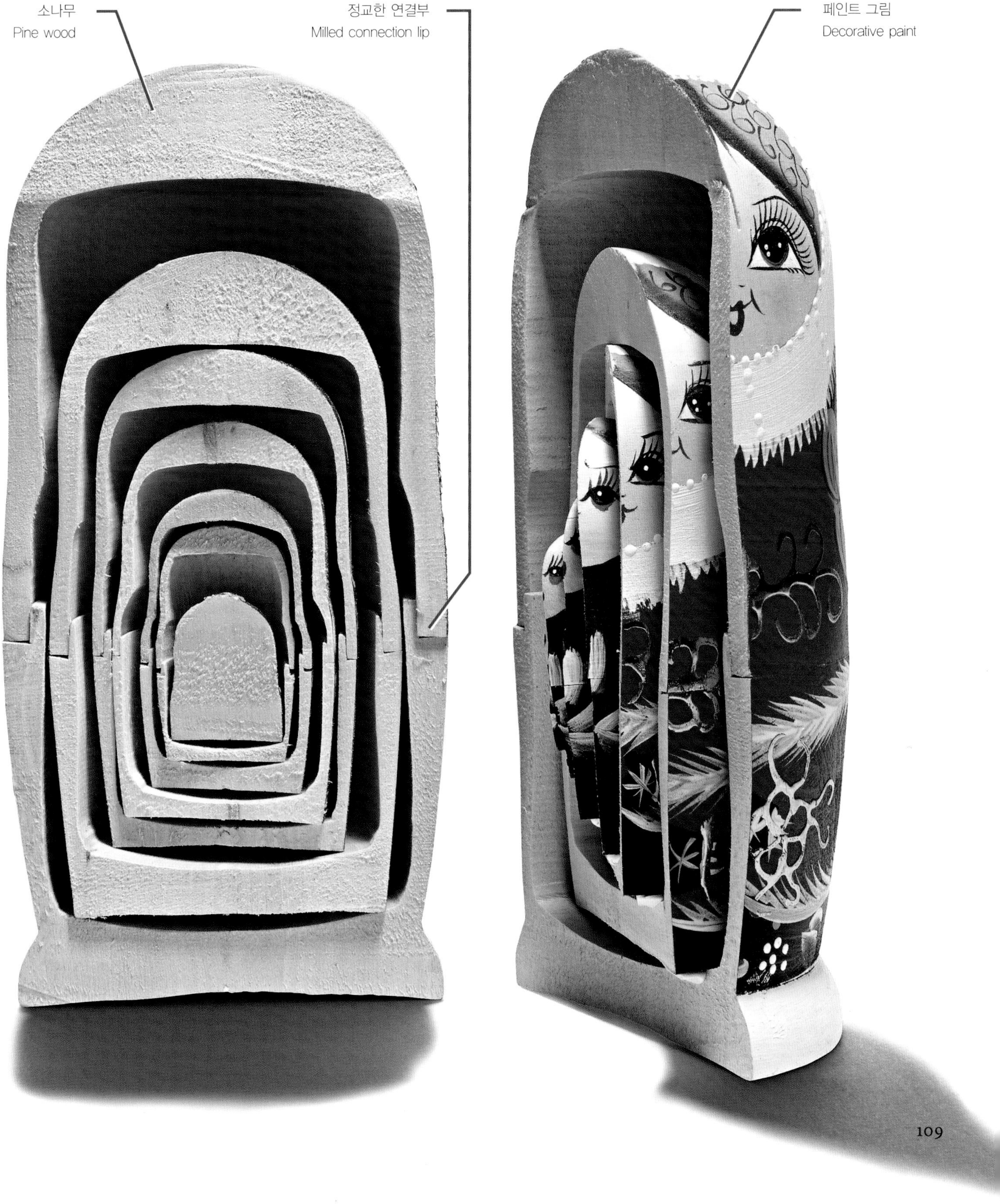
소나무
Pine wood
정교한 연결부
Milled connection lip
페인트 그림
Decorative paint

행운의 8번공

Fortune-Telling Eight Ball

이 행운의 8번공은 점을 치는 일종의 주사위다. 먼저 큰소리로 자신의 궁금한 것을 말한 후 공을 여러 번 흔든다. 다음 둥그런 창이 위쪽으로 향하게 공을 내려놓고 창에 비친 점괘를 읽으며 된다. 이 공 안에는 다각형 플라스틱 주사위가 들어있는데, 주사위의 각 면에는 해석하기 나름인 문장들이 적혀있다. 다각형 주사위는 검은색 액체가 담긴 통에 잠겨 있어서 창에 닿는 면을 제외한 다른 면은 읽을 수 없다. 이 액체는 통 위쪽에 난 작은 구멍을 통해 주입하고 봉한 후 8번 로고가 그려있는 플라스틱으로 감싸 마치 8번 당구공처럼 꾸민다.

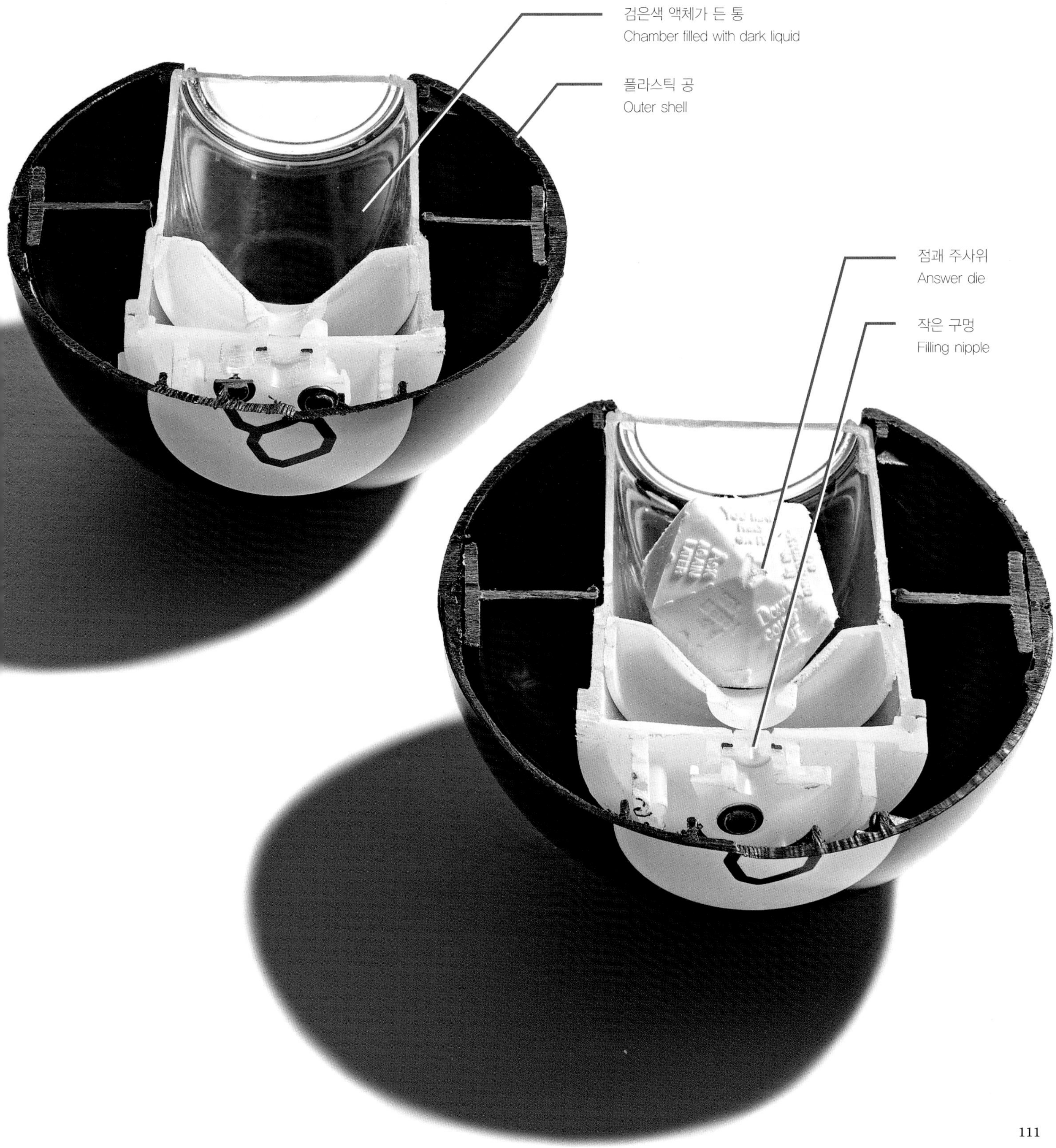
검은색 액체가 든 통
Chamber filled with dark liquid
플라스틱 공
Outer shell
점괘 주사위
Answer die
작은 구멍
Filling nipple

그 외의 물건들

OTHER STUFF

전기스테이플러 Electric Stapler

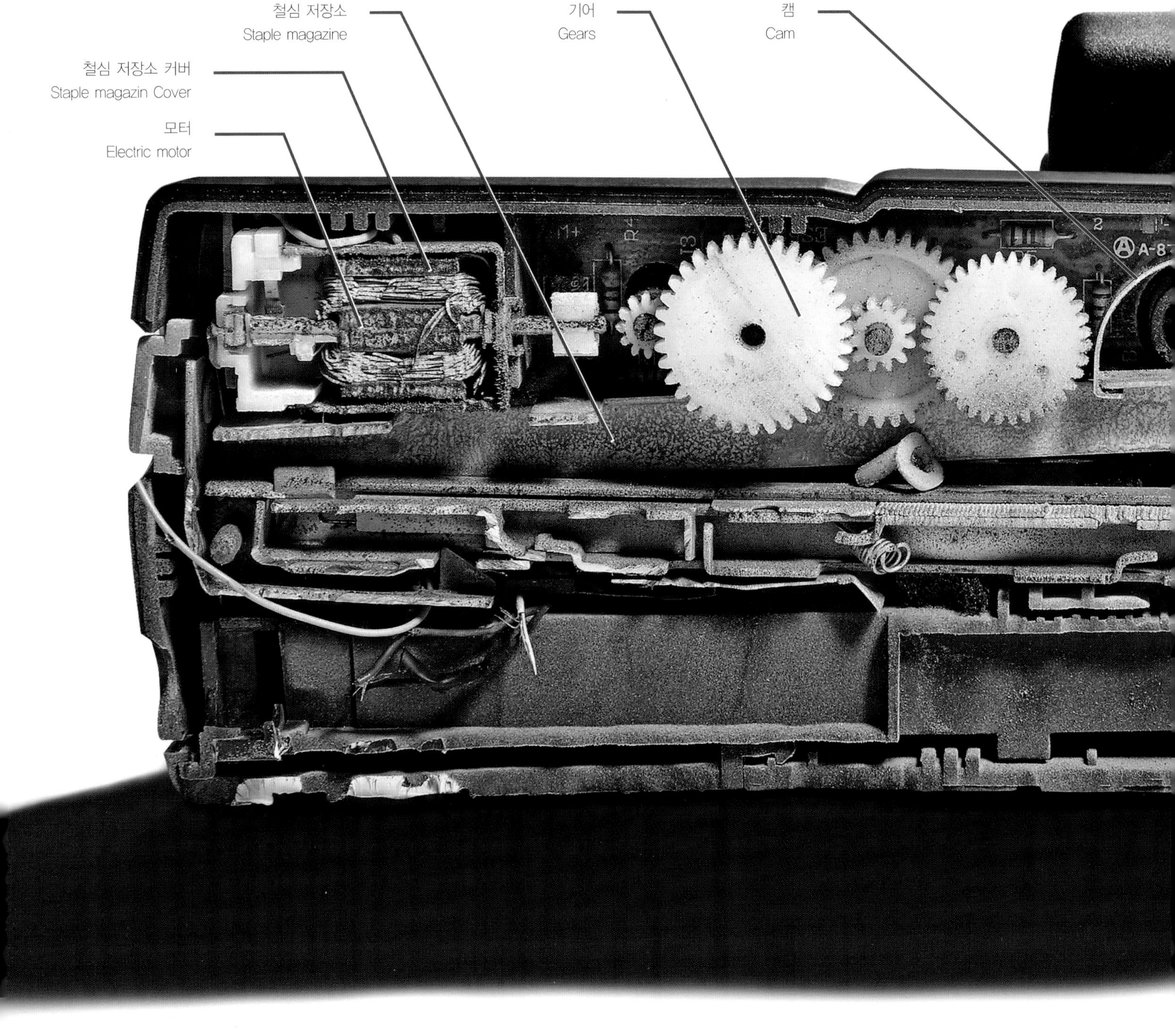

서류를 일정한 간격으로 철하고 싶거나, 많은 양의 서류를 작업해야 한다면 전기 스테이플러를 쓰는 것이 좋다.

종이를 삽입구 넣으면 안쪽의 센서(자르는 도중에 분실돼서 사진에는 보이지 않음)가 감지하여 자동으로 위에서 스테이플 철심을 내려 보내 종이를 찝는다. 모터로 작동하는 캠(Cam)[1]이 철심 저장소 커버를 누르면서 그 끝의 메탈 핑거(metal finger)가 스테이플 저장소에서 철심 한 알을 아래쪽으로 밀어내 문서를 찝게 된다.

1) 회전운동을 왕복운동으로 바꾸는 장치

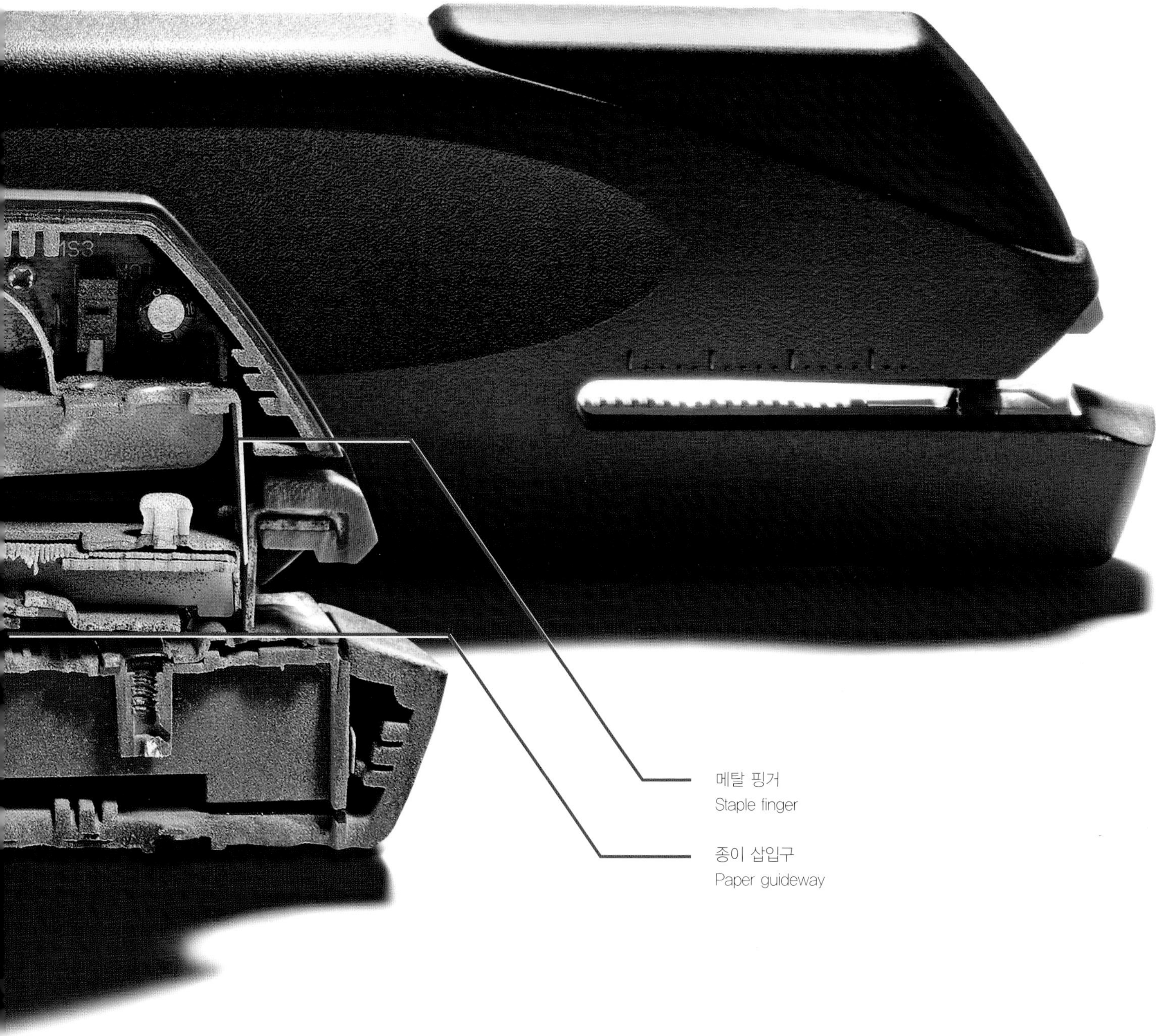

연필깎이

Electric Pencil Sharpener

이 연필깎이는 고성능 모터에 의해 두 개의 나선형 칼날이 함께 돌아가는데, 그 끝에 연필 끝이 들어가 뾰족하게 깎인다. 칼날은 웜(worm)[1]으로부터 동력을 전달받기 때문에 모터의 힘이 바로 전달되는 것은 물론이고 빠지지도 않는다. 스위치를 켜고 연필을 삽입구에 넣으면 모터가 저절로 돌아가며 연필이 깎이기 시작한다. 연필을 빼기 전까지 모터가 돌아간다. 연필심 가루와 톱밥은 아래쪽 탈착식 통에 모이는데, 통에 쓰레기가 차면 쉽게 빼서 버리게 되어 있다.

1) 원기둥에 나선 모양의 홈을 판 기계 부속

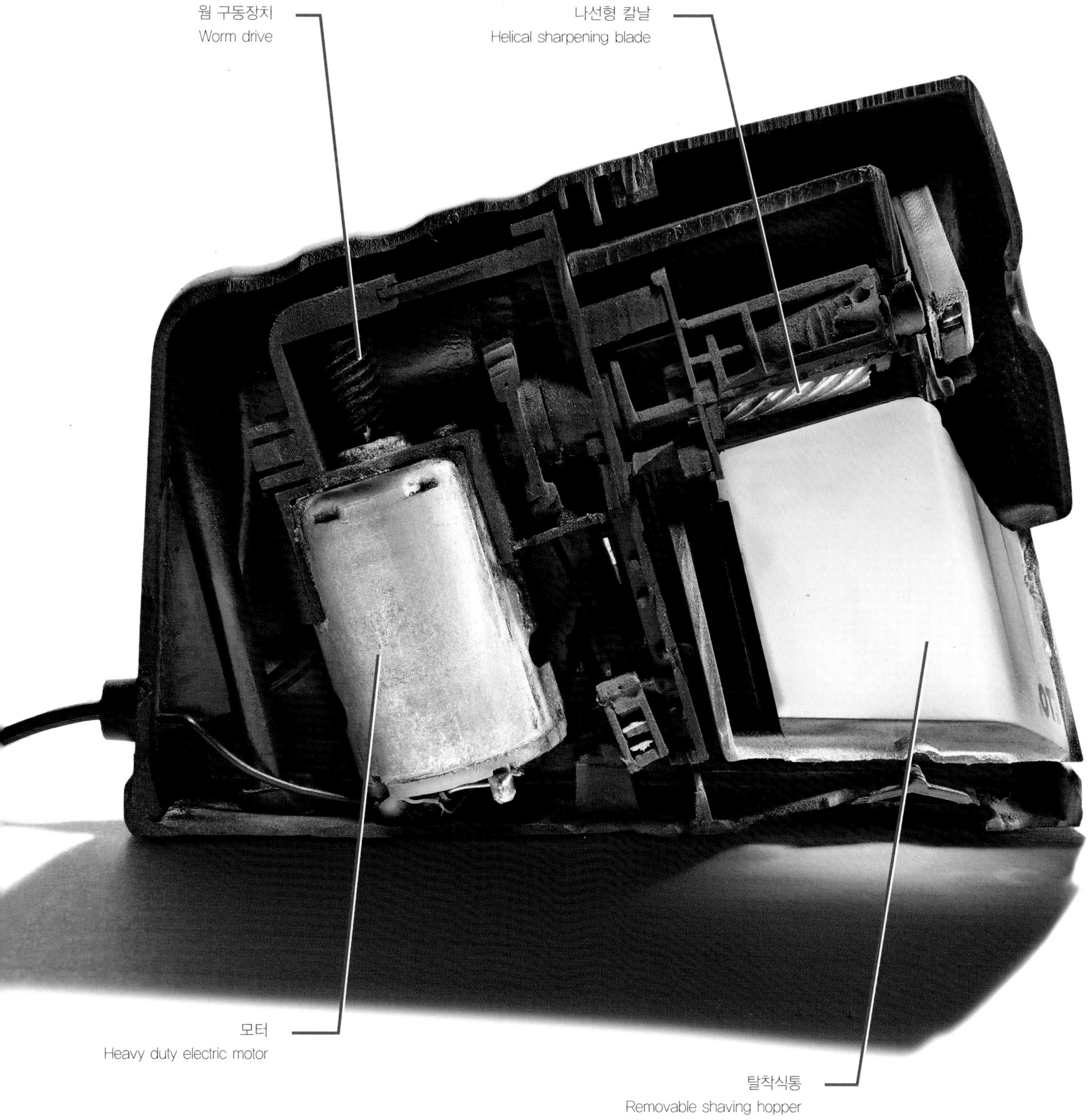
웜 구동장치
Worm drive
나선형 칼날
Helical sharpening blade
모터
Heavy duty electric motor
탈착식통
Removable shaving hopper

자물쇠 Padlock

최근의 자물쇠들은 대부분 단단하고 두툼한 몸통 안쪽에 핀식 잠금장치를 가진 방식으로 제작된다. 열쇠를 찔러 넣으면 핀들이 전단선[1]까지 밀려난다. 이 핀들은 전단선 바깥의 드라이버 핀과 일대일 대응이 되어 있다. 제짝에 맞는 열쇠를 넣어야만 핀들이 정확이 정렬되어 전단선에 핀이 걸리지 않는다. 그렇게 되면 실린더가 자유롭게 회전할 수 있어서 걸쇠가 풀린다. 맞지 않는 열쇠를 넣을 수는 있지만 핀이 정확하게 정렬되지 않아 전단선에 걸리게 되고, 결국 실린더를 돌릴 수 없다.

1) 전단선(剪斷線), 잘라서 끊는 선, shear line, 경계선

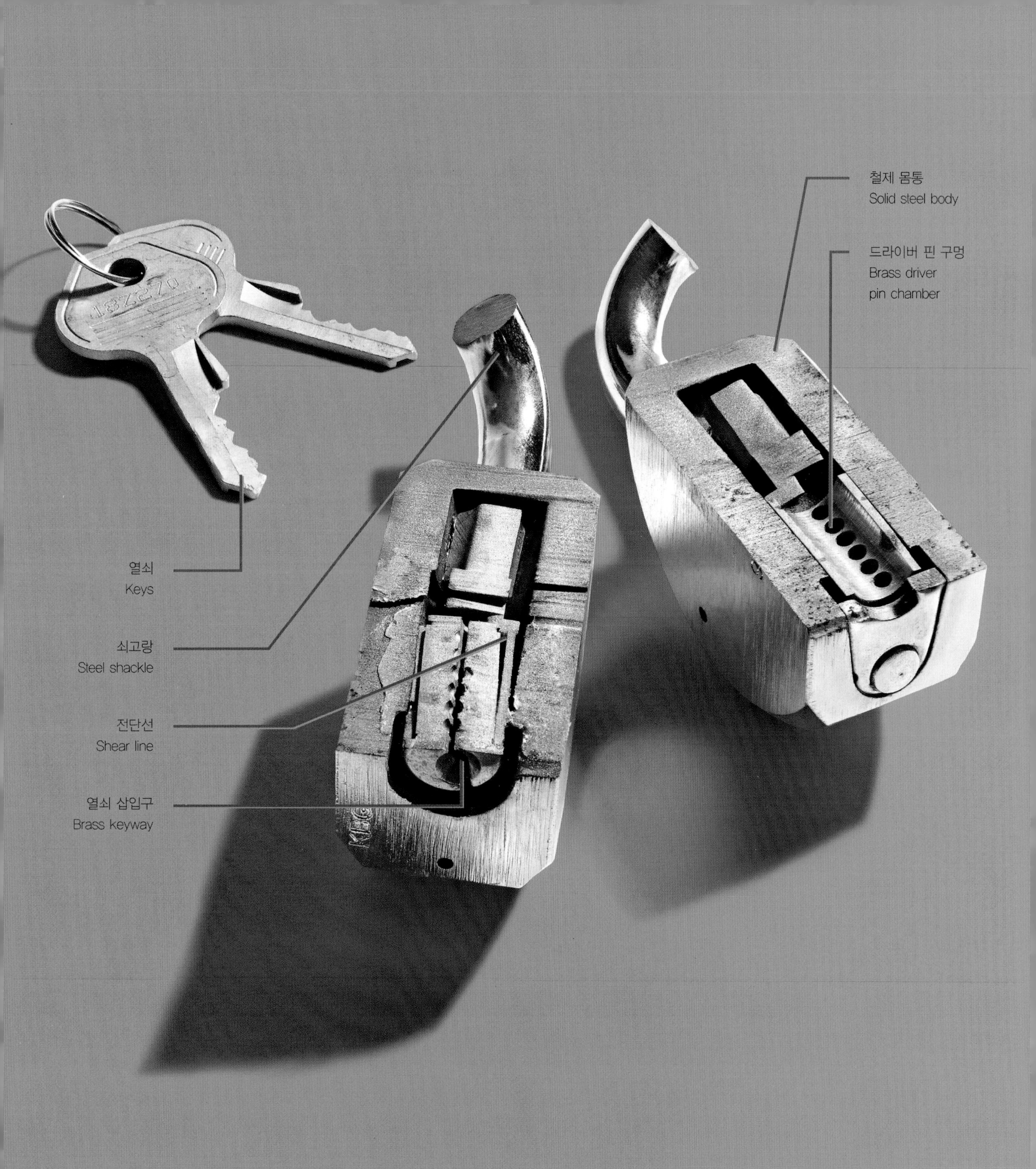
철제 몸통
Solid steel body
드라이버 핀 구멍
Brass driver
pin chamber
열쇠
Keys
쇠고랑
Steel shackle
전단선
Shear line
열쇠 삽입구
Brass keyway

자이언트 껌사탕
Giant Jawbreaker

이 거대한 껌사탕은 서로 다른 색깔의 사탕을 여러 겹으로 쌓아서 만들었다. 그래서 핥아 먹다보면 색깔이 계속 바뀌어 재미를 준다. 이 사탕을 절반으로 깔끔하게 잘라보니 사진처럼 형형색색의 층이 드러난다.

이 자이언트 껌사탕은 중심핵이 되는 껌을 회전통에 넣고 갖가지 색소를 입힌 액체설탕을 하나씩 코팅해서 키워 나간다. 회전통 안에서 사탕이 회전하기 때문에 액체설탕이 식어도 사탕끼리 달라붙지 않는다. 이 과정은 원하는 크기의 사탕이 될 때까지 계속된다.

이 거대한 사탕은 지름이 8.5cm이며, 무게가 450g에 달한다. 보통 사탕의 약 6.5배 크기인데 아마 시중에서 판매하는 사탕 중 제일 클 것이다.

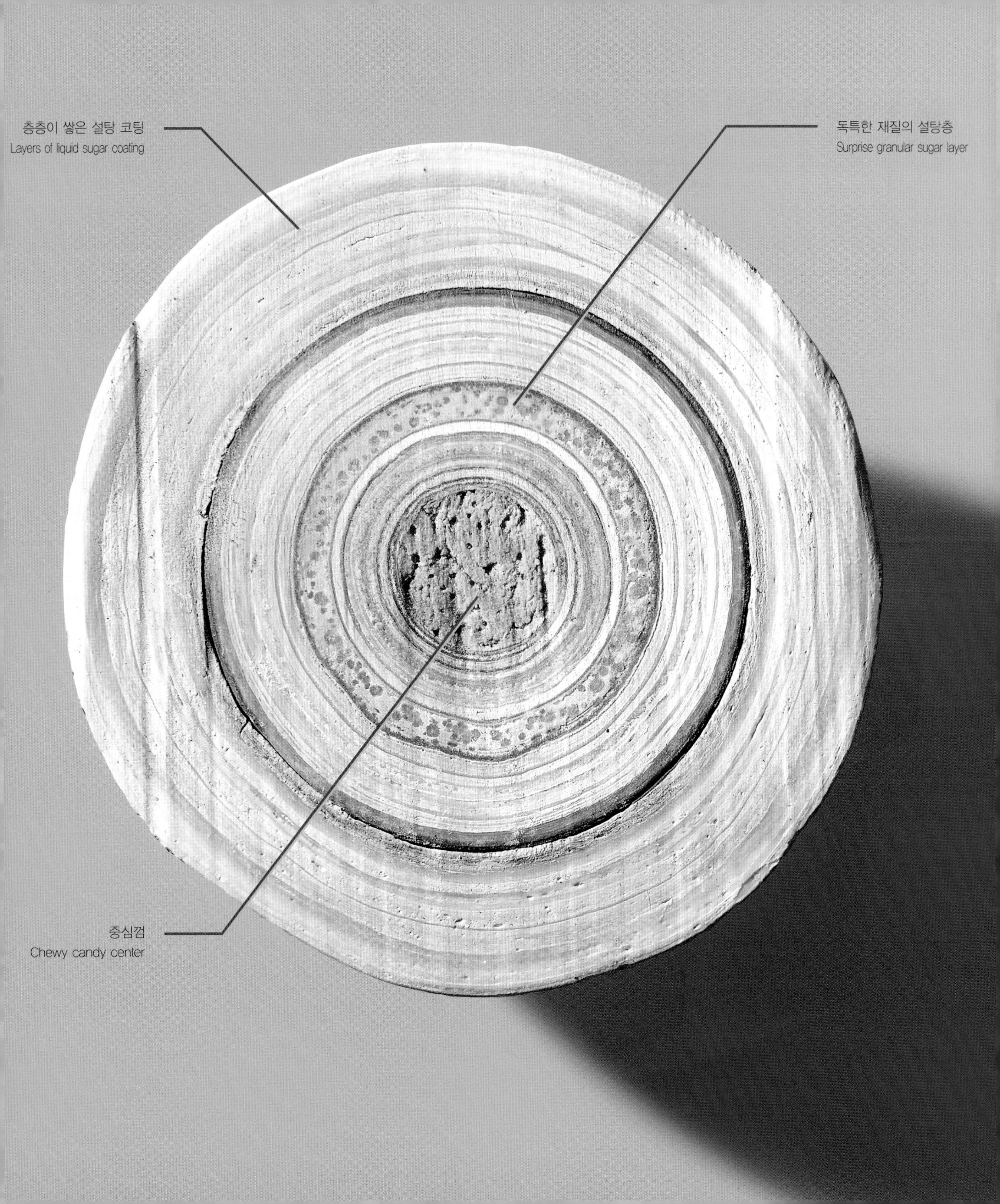
층층이 쌓은 설탕 코팅
Layers of liquid sugar coating
독특한 재질의 설탕층
Surprise granular sugar layer
중심껌
Chewy candy center

라이터 Liquid Fuel Lighter

일회용 가스라이터와 다르게 일명 '지퍼라이터'는 연료를 보충할 수 있을 뿐만 아니라 심지를 이용해 불을 붙인다는 차이가 있다. 아래쪽에서 라이터 기름을 보충할 수 있는데, 이 기름은 몸통 하단의 연료통에 저장된다. 연료통에 들어있는 폼 재질 충전재는 기름이 안에서 찰랑거리는 것을 방지한다.

라이터 기름통에 잠겨 있는 심지는 라이터 기름을 모세관현상으로 흡수해서 일정하게 부싯돌과 톱니바퀴가 있는 곳까지 빨아올린다. 톱니바퀴를 부싯돌에 마찰시켜 불꽃이 발생하면 심지에 불이 붙는다. 오랫동안 사용하면 부싯돌이 닳아 없어지는데, 통 안에 있는 여분의 부싯돌이 스프링에 의해 자동으로 올라와 새로 장착된다. 여분의 부싯돌을 다 사용하면 라이터 하단을 열어 새 부싯돌을 채워 넣으면 된다.

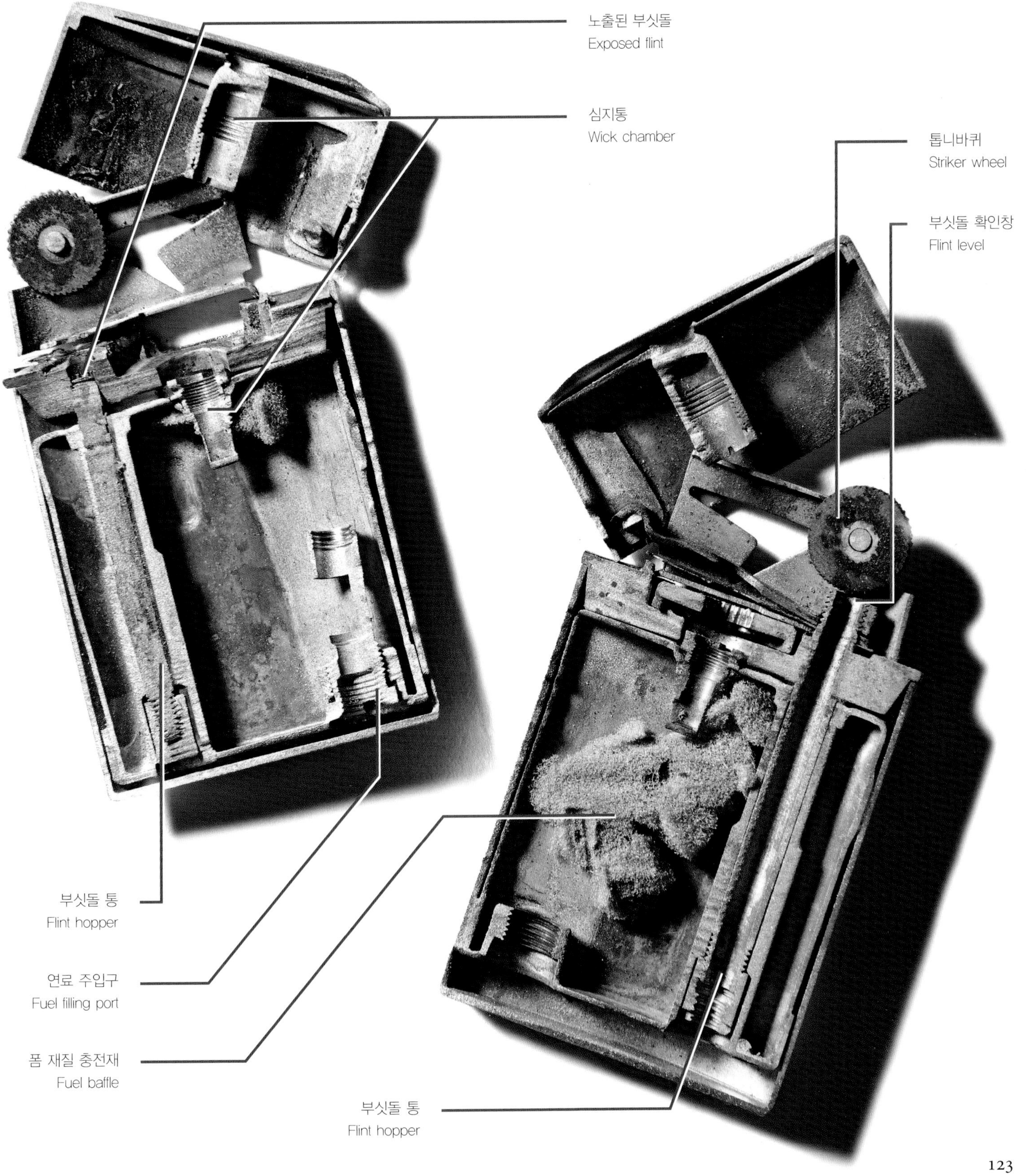
노출된 부싯돌
Exposed flint
심지통
Wick chamber
톱니바퀴
Striker wheel
부싯돌 확인창
Flint level
부싯돌 통
Flint hopper
연료 주입구
Fuel filling port
폼 재질 충전재
Fuel baffle
부싯돌 통
Flint hopper

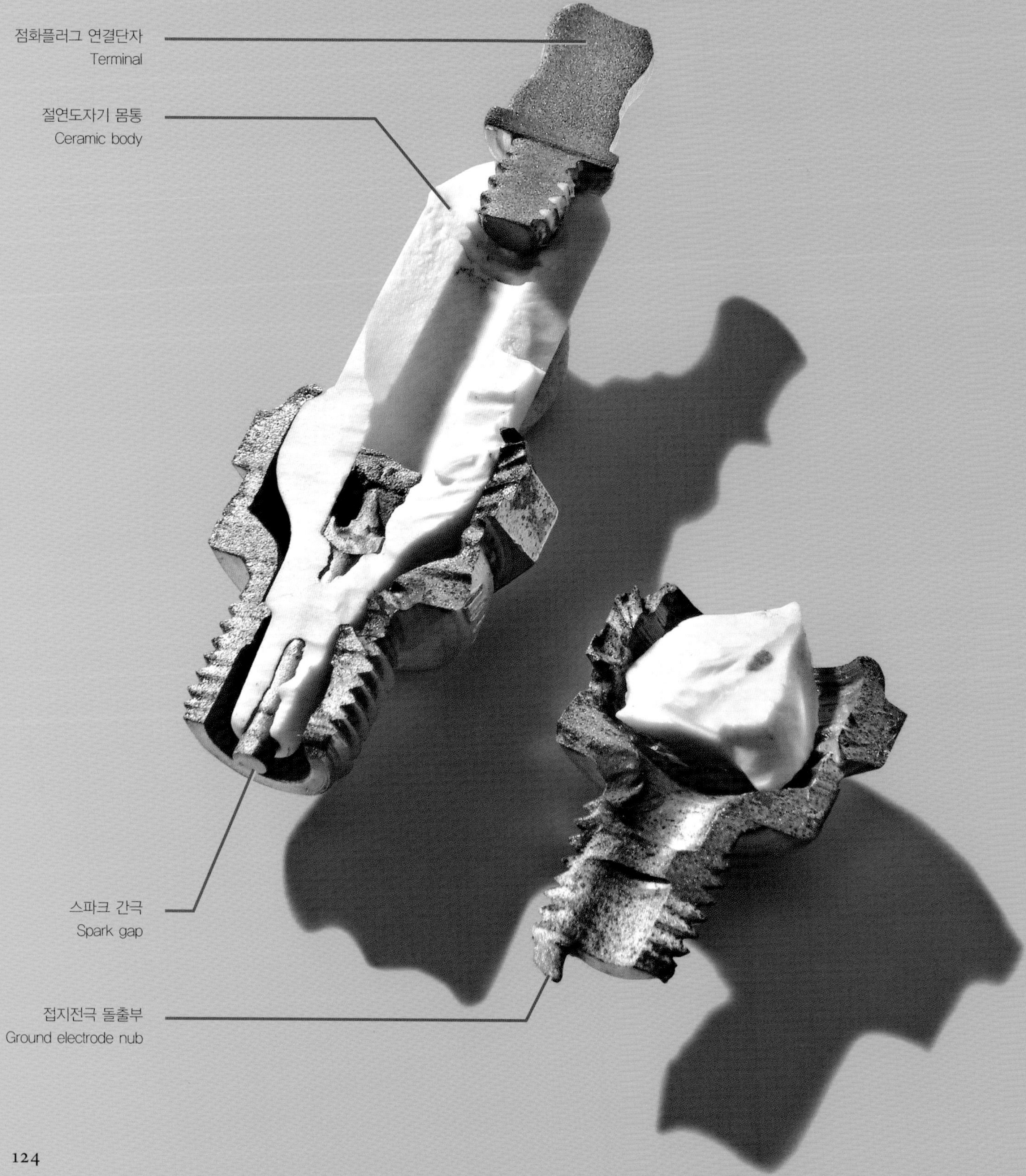
점화플러그 연결단자
Terminal
절연도자기 몸통
Ceramic body
스파크 간극
Spark gap
접지전극 돌출부
Ground electrode nub

점화플러그 Spark Plug

접지전극
Ground electrode

점화플러그는 내연기관의 실린더헤드 안에 끼워져 있는데 압축된 연료를 점화시키는 장치다. 점화코일에서 발생한 전기에너지는 점화플러그 끝에 있는 연결단자로 전달된다. 그 에너지는 다시 중앙 전극(cavity)을 따라 아래쪽 스파크 간극(gap)까지 이동한다. 이때 전류가 접지전극(ground electrode)으로 간극을 점프하려 하면서 스파크가 발생된다. 점화플러그의 연결단자와 스파크 간극을 분리시키기 위해 점화플러그 몸통 부분은 절연도자기로 구성돼 있다.

실린더헤드는 점화플러그 쪽으로 연료와 공기를 섞어서 압축시키고 상승시킨다. 압축이 실린더 정점에 도달하면 점화플러그가 최대 전류를 받아 간극을 점프하려 하면서 스파크가 일어 실린더 안 연료와 공기에 불을 붙인다. 이때 발생하는 폭발은 실린더헤드를 다시 아래쪽으로 밀어낸다. 이 힘은 크랭크축으로 전달되어 회전운동으로 바뀌고, 자동차 등의 엔진을 작동시킨다.

오일필터 Oil Filter

오일필터는 내연기관인 엔진에서 엔진오일에 쌓이는 찌꺼기를 제거하는 장치다. 엔진은 엔진오일 없이는 작동할 수 없는데, 엔진오일은 윤활유로서 뿐만 아니라 냉매 역할도 한다. 엔진은 사용할수록 마모로 인한 금속부스러기나 연소 때 발생하는 탄소찌꺼기가 엔진오일에 축적된다. 이것들이 엔진 표면과 오일펌프의 마모를 일으키므로 주기적으로 제거해야 한다.

엔진오일은 오일필터 주변에 뚫려있는 구멍을 통해 안으로 들어온다. 이때 오일은 필터를 통과하지만 섞여 있는 작은 부스러기들은 걸러지고, 거름망에 모인 부스러기들이 다시 안으로 들어가지는 못한다. 여과된 엔진오일은 중앙에 뚫린 큰 구멍을 통해 다신 엔진으로 돌아간다. 오일필터 연결부에는 몇 개의 마개가 있는데, 바깥쪽 마개는 오일이 밖으로 새나가는 것을 방지하고, 안쪽의 마개는 여과된 오일이 여과되지 않은 오일과 섞이는 것을 막는다. 오일필터가 막힐 때를 대비해서 여과되지 않은 엔진오일을 바로 통과시키는 바이패스밸브가 설치되어 있어 엔진 꺼짐을 막아준다.

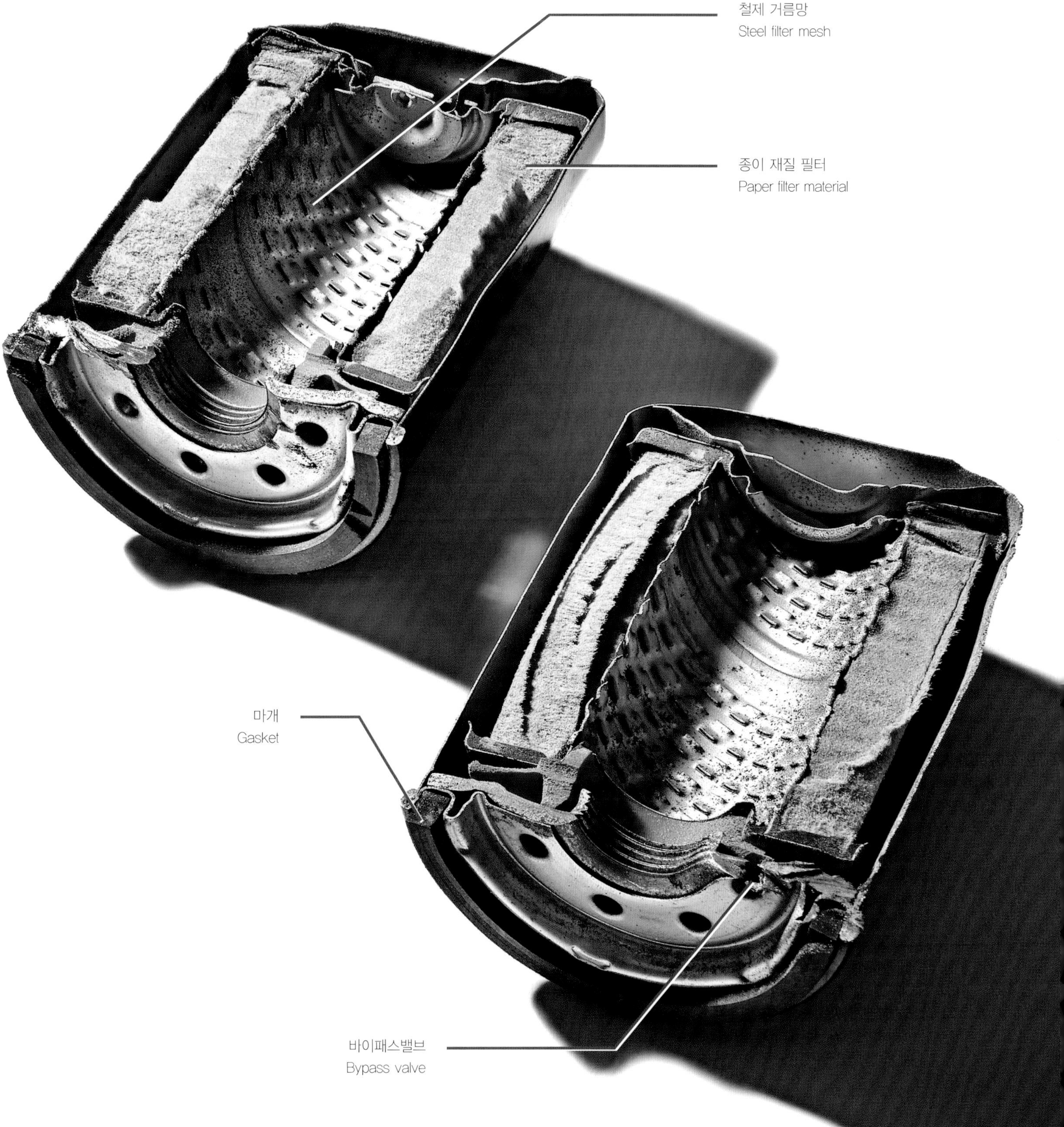
철제 거름망
Steel filter mesh
종이 재질 필터
Paper filter material
마개
Gasket
바이패스밸브
Bypass valve

오토바이 헬멧

Motorcycle Helmet

놀랍도록 단순한 구조를 가진 이 오토바이 헬멧은 폼 재질이 얼마나 충격흡수에 탁월한지를 보여준다. 딱딱한 플라스틱 폴리카보네이트수지로 외피를 만들어 안쪽의 두터운 폼 수지를 보호한다. 목 부분은 부드러운 쿠션이 있어 딱딱한 플라스틱 헬멧임에도 편안하게 착용할 수 있다. 또한 쿠션에 작은 쿠션을 추가로 덧대어 사용자의 머리모양에 맞출 수 있게 했다. 전면과 상단에 통풍구가 있어 헬멧 내부의 공기도 순환시켜준다.

헬멧 앞쪽은 투명한 강화플라스틱 창으로 이루어져 있는데, 위아래로 여닫을 수 있다. 이 플라스틱 창은 긁히거나 손상됐을 때를 대비해 새로운 것으로 탈착이 가능하다. 헬멧 안쪽에 패딩이 있어 포근한 착용감을 주고, 턱 끈은 헬멧을 머리에 단단히 고정시켜준다.

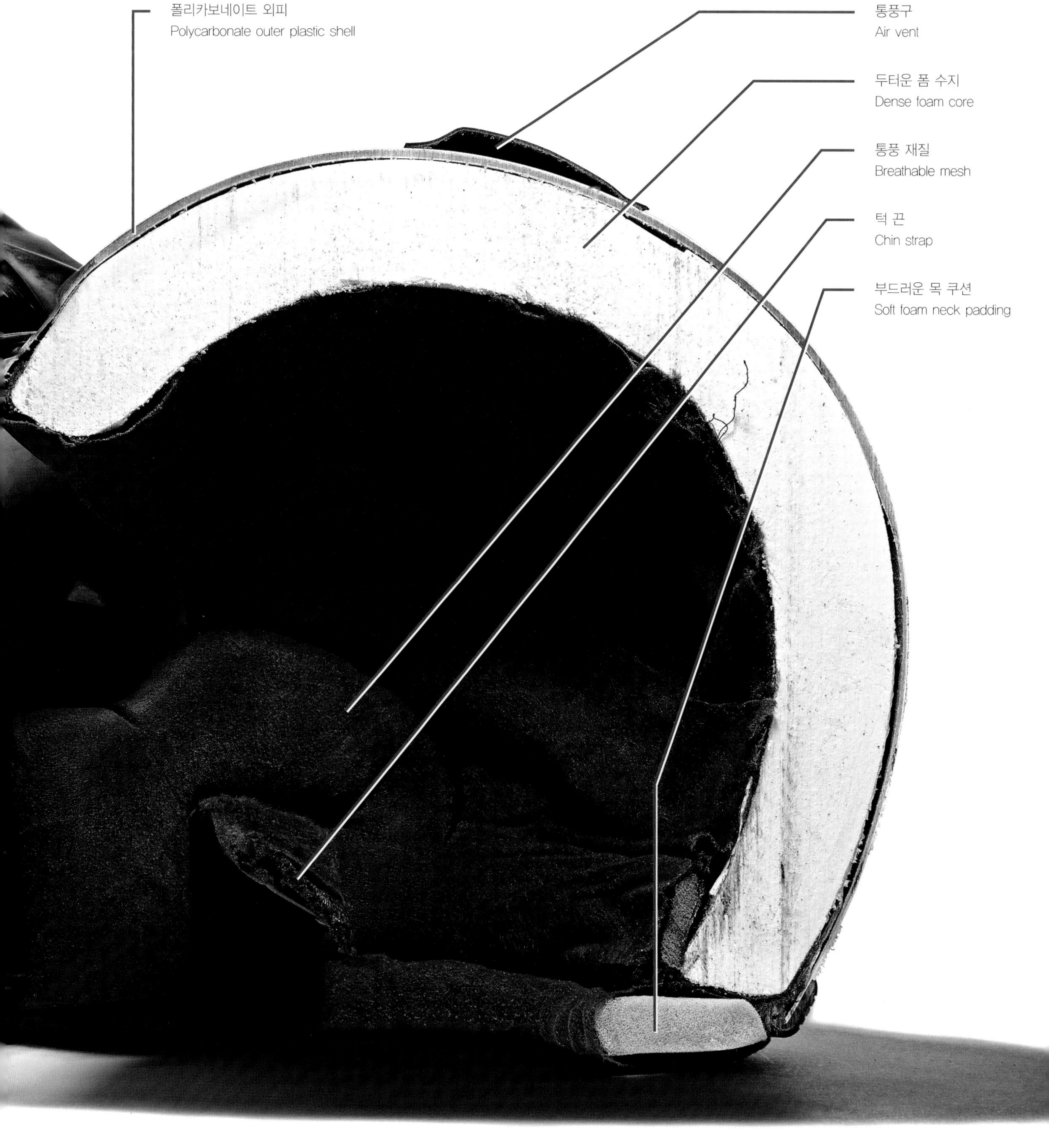
폴리카보네이트 외피
Polycarbonate outer plastic shell
통풍구
Air vent
두터운 폼 수지
Dense foam core
통풍 재질
Breathable mesh
턱 끈
Chin strap
부드러운 목 쿠션
Soft foam neck padding

종이파쇄기 Paper Shredder

종이파쇄기는 필요 없어진 중요한 서류들을 회전하는 칼날로 잘게 잘라서 아무도 알아볼 수 없게 만들어준다.

이 기계는 고성능 모터가 달려있어 두꺼운 서류뭉치나 신용카드까지도 문제없이 파쇄할 수 있다. 특히 회전하며 교차하는 이빨형태의 롤러가 종이를 자를 뿐만 아니라 불규칙적으로 찢어 다시 짜맞추기 힘들게 분쇄한다. 흰색 이빨 사이의 틈은 종이가 파쇄되는 동안 공간을 넓혀 종이가 끼지 않도록 한다.

이 파쇄기의 위쪽은 아래쪽 쓰레기통과 분리가 가능하다. 이 파쇄기의 대부분은 잘린 종이를 모아두는 아래의 빈 통이 차지한다.

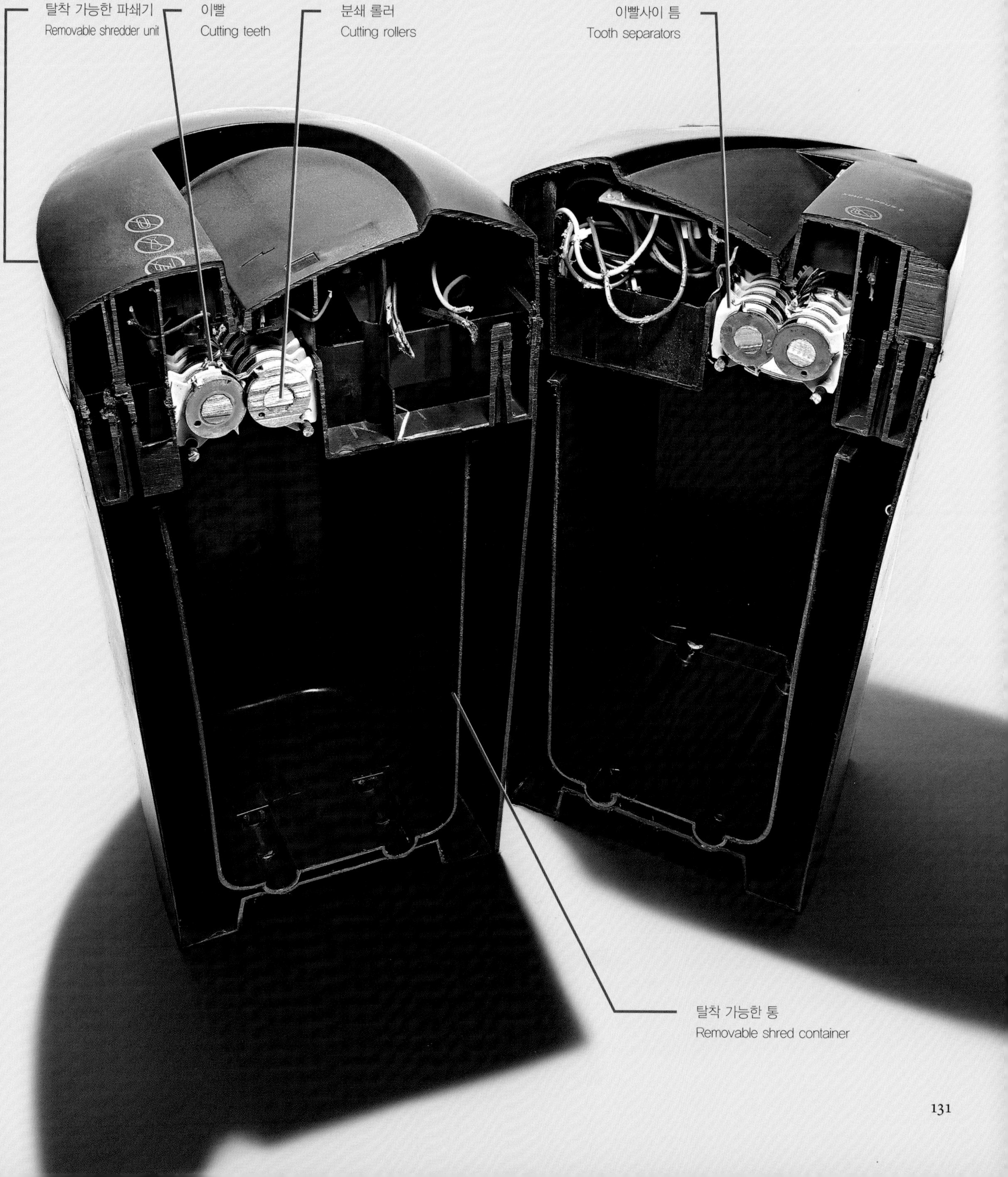
탈착 가능한 파쇄기
Removable shredder unit
이빨
Cutting teeth
분쇄 롤러
Cutting rollers
이빨사이 틈
Tooth separators
탈착 가능한 통
Removable shred container

쌍안경 Binoculars

쌍안경은 광학렌즈와 프리즘을 이용해 멀리 있는 물체를 확대하여 초점을 맞춘다. 물체에서 반사된 빛이 볼록렌즈를 통과하면서 물체의 상이 확대되고, 프리즘을 지나면서 상이 뒤집혀 쌍안경 뒤편의 접안렌즈에 전달된다. (프리즘이 없으면 상이 거꾸로 보일 것이다.) 프리즘과 접안렌즈 사이에는 손으로 조절할 수 있는 몇 개의 볼록렌즈가 배열되어 있어 사용자의 눈에 맞게 미세 초점을 조절할 수 있다.

접안렌즈 초점
Eyepiece focus
초점 조절 바퀴
Focus wheel
후방 렌즈
Rear lens
접안렌즈
Eyepiece
프리즘
Prism
전방 렌즈
Front lens

솔방울 Tree Cones

우리가 통칭하는 솔방울에는 삼나무, 노송나무, 전나무, 향나무, 낙엽송, 소나무, 가문비나무, 주목과 같은 구과식물[1]의 유전정보가 담겨 있다. 큰 방울이 암술인데 씨앗을 만든다. 작은 방울은 수술이며 꽃가루를 만든다. 사진의 방울들은 모두 암술이다.

방울은 처음 생길 때 비늘모양의 조각들이 꽉 닫혀 있다. 성장하면서 비늘모양 조각들이 열리면서 밑씨가 노출되고, 수술에서 나온 꽃가루와 수분이 되면 씨앗이 된다. 수분이 끝난 방울들은 대부분 바닥으로 떨어진다. 방울들은 습도에 반응하여 꽃가루가 퍼지기 좋은 따뜻하고 마른 환경에서 열리고, 춥고 습한 환경에서는 닫힌다.

---

1) 침엽수 일종으로 대개 잎이 뾰족하고 원추형 방울 열매가 달리는 식물

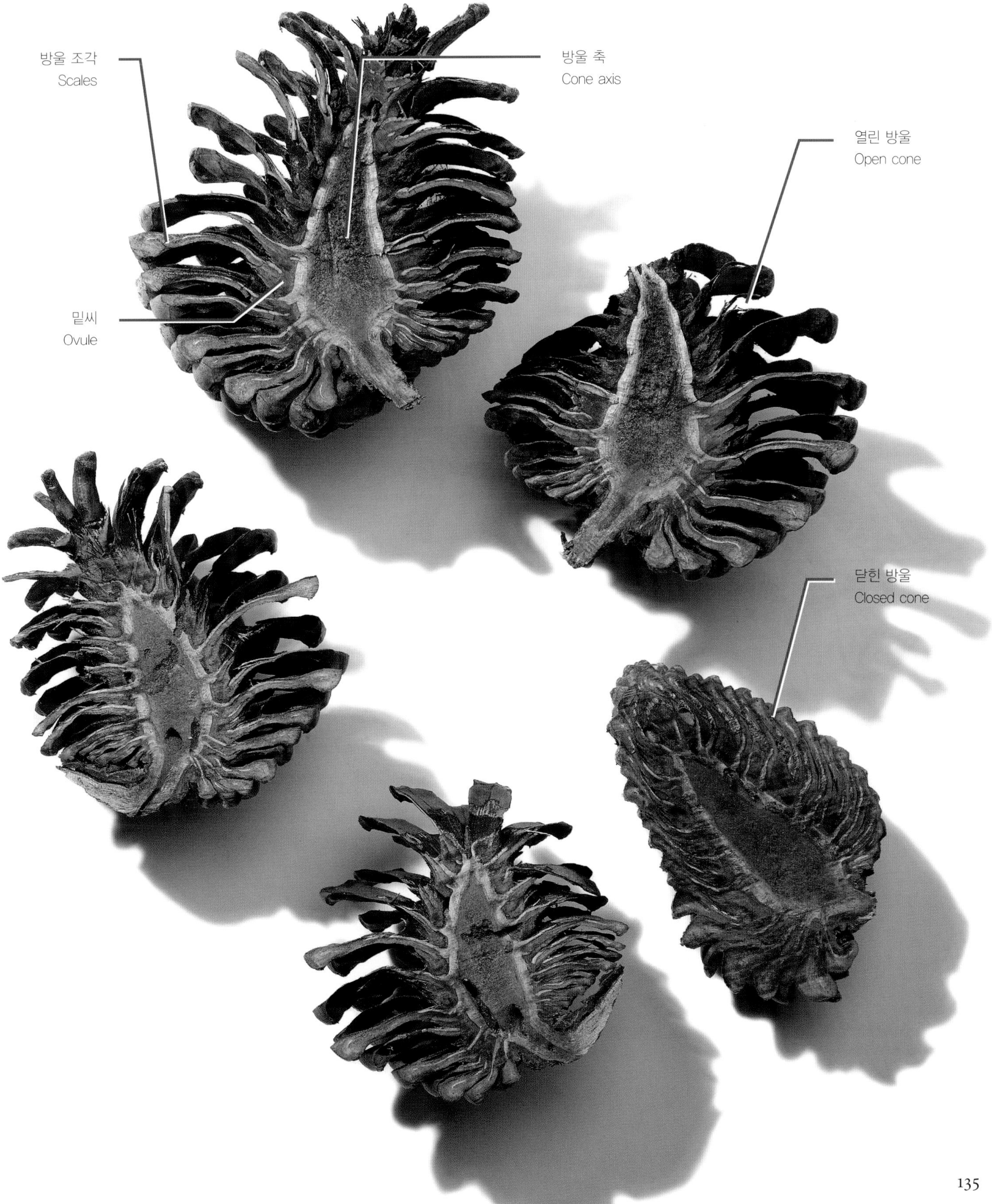
방울 조각
Scales
방울 축
Cone axis
열린 방울
Open cone
밑씨
Ovule
닫힌 방울
Closed cone

정동석 Geodes

정동(晶洞, Geode)[1]은 광맥 안쪽에 자연적으로 발생하는 빈 공간에서 만들어진 둥근 암석이다. 수백만 년이 지나는 동안 빈 공간의 외부 껍질이 단단해지고, 내부 벽에는 이산화규소(silica)가 침전되면서 결정이 형성된다. 이산화규소 결정은 석영뿐만 아니라 방해석(方解石, calcite), 마노(瑪瑙, agate), 벽옥 등의 다양한 미네랄이 포함되고, 이들이 자라면서 정동이 만들어진다.

정동석이 각각 특이한 이유는 모든 지형마다 미네랄 구성과 생성 조건이 다르기 때문이다. 이산화규소 결정이 점점 단단해짐에 따라 미네랄들이 다양한 비율의 결정체로 만들어지며 석영으로 변하고, 석영 중에서 투명하고 영롱한 색깔로 보석같이 된 것을 수정(크리스탈)이라 한다. 정동 안쪽의 수정을 발견하기 위해서는 열어보는 수밖에 없다. 그러려면 망치나 돌톱, 또는 6만 프사이의 워터제트를 사용하면 된다.

---

1) 암석 또는 광맥 안에 생긴 틈이나 빈 공간. 그 안에는 광물결정들이 빽빽한 상태로 들어있는데, 이 결정들은 보통 주변 암석의 구성광물과 같다. 때로는 물로 채워져 있기도 하다.

딱딱한 껍질
Hardened outer shell
석영 결정
Quartz crystals
다른 미네랄 결정
Other crystalized materials

소라고둥 Seashells

소라고둥(Conch)은 다양한 대형 조개껍질에 사용되는 일반적인 이름이지만, 바다달팽이들이 서식하며 포식자로부터 자신을 보호하던 단단한 집이다. 이 껍데기는 바다달팽이들이 바닷물에서 칼슘염을 추출하여 유기물질과 결합된 탄산칼슘을 배설할 때 만들어진다. 때문에 달팽이가 살아있는 동안 크기와 두께가 계속 자란다. 소라고둥의 특징은 소용돌이 모양의 뾰족한 꼭지와 아래쪽에 있는 큰 구멍이다. 내부는 매끄럽게 만들어져서 달팽이가 천적을 만났을 때 쉽게 안쪽으로 들어가 숨을 수 있다.

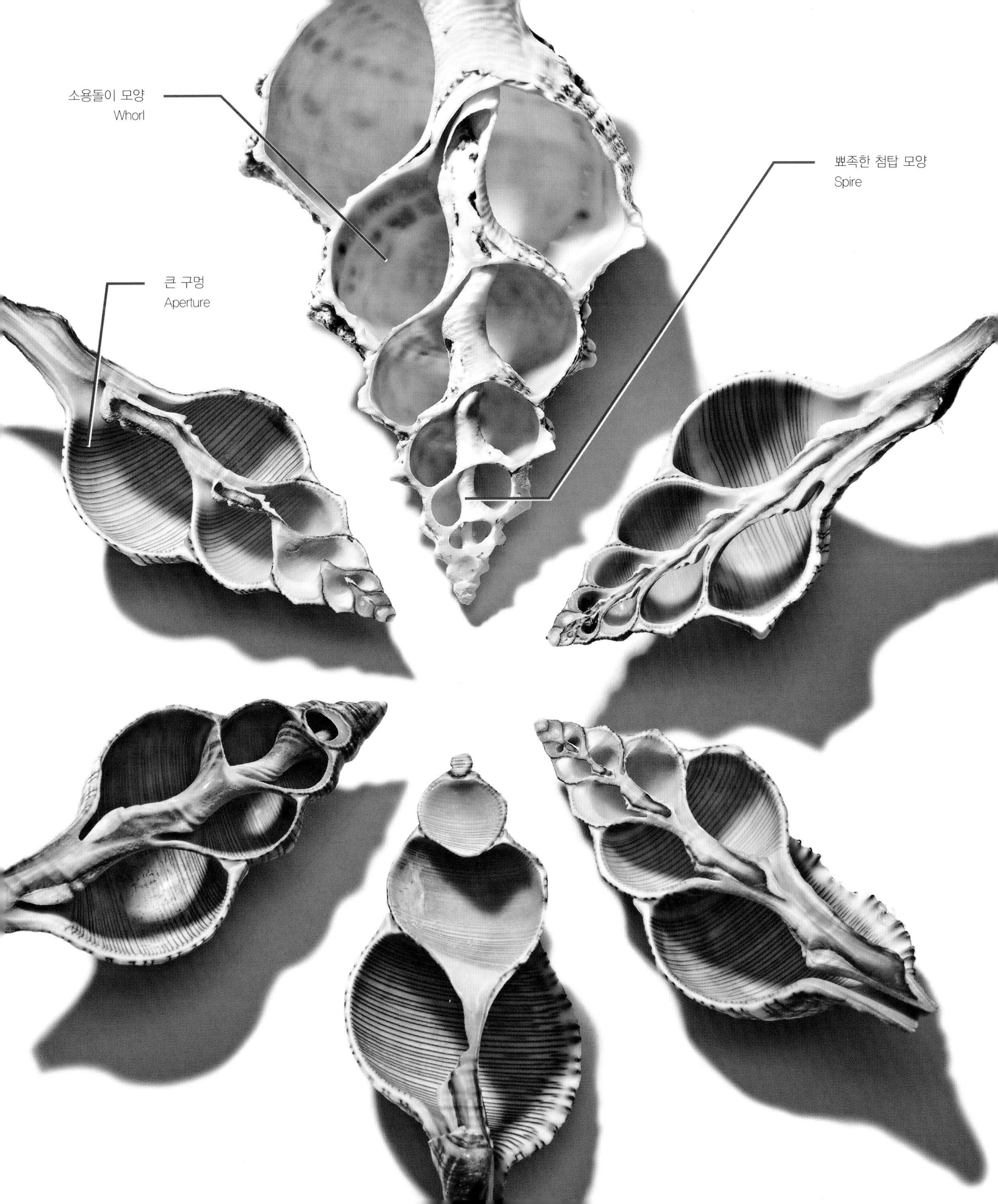
소용돌이 모양
Whorl
뾰족한 첨탑 모양
Spire
큰 구멍
Aperture

ABOUT THE AUTHOR AND PHOTOGRAPHER

지은이 **마이크 워렌**(Mike Warren)은 샌프란시스코 베이 지역에 살고 있는 유튜브 채널 컷인하프(youtube.com/c/cutinhalf) 제작자다. 디자이너이며 발명가, 과학 소설가이기도 한 그의 글들은 Wired, New York Times, Popular Science, CNET, New Scientist 등에서도 확인할 수 있다.

사진작가 **조나단 우드워드**(Jonothan Woodward)는 샌프란시스코에 살고 있으며 다양한 고객을 대상으로 식품, 제품, 인테리어 및 라이프 스타일에 관련한 사진을 찍고 있다.

옮긴이 **조영은**(趙榮殷)은 서울과학고와 서울대를 졸업했고, 지금은 서울대 컴퓨터공학부에서 박사과정 중이다.

CUT IN HALF

감사의 말

샌프란시스코 Pier 9의 직원들, 특히 트렌트 스틸과 조시 마이어스에게 고마움을 전한다. 워터제트는 아주 변덕스러운 기계다. 사소한 문제가 생겨도 작업에 차질을 빚곤 한다. 이분들의 도움이 없었다면 많은 시간을 워터제트를 고치는 데 썼을 것이다. 내가 기상천외한 물건들을 자르느라 커팅헤드를 부수고, 비싼 분사구를 부러뜨린 것도 참고 인내해준 것이 고마울 따름이다.

내가 더욱 크고 기상천외한 물건을 자르게끔 조언해준 레딧닷컴(Reddit.com)과 컷인하프 커뮤니티에도 고마움을 표한다.
마지막으로 나에게 책 집필의 모험을 가능케 해준 편집자 스티브 모커스에게도 큰 감사를 드린다.